習近平致《大公報》創刊120周年賀信

　　值此《大公報》創刊120周年之際，我向全體員工表示熱烈的祝賀！

　　一個多世紀以來，《大公報》秉承「忘己之為大，無私之謂公」的辦報宗旨，立言為公，文章報國，為新中國建設、改革開放和現代化建設，為香港回歸祖國、保持繁榮穩定發揮了積極作用。進入新時代，《大公報》旗幟鮮明發出正面聲音、凝聚社會共識，為維護香港社會穩定、增進香港與內地交流、促進人心回歸作出了貢獻。

　　希望《大公報》不忘初心，弘揚愛國傳統，銳意創新發展，不斷擴大傳播力和影響力，為「一國兩制」實踐行穩致遠、為實現中華民族偉大復興的中國夢書寫更為精彩的時代篇章。

習近平

2022年6月12日

目錄

習近平致《大公報》創刊120周年賀信

《大公報》創刊120周年　總書記賀信催人奮進

國務院港澳辦：習近平賀信體現深切關懷和巨大鼓勵 …………………… 09

中聯辦主任駱惠寧在《大公報》創刊120周年慶祝儀式上致辭 …………… 10

時任香港特區行政長官林鄭月娥在《大公報》創刊120周年慶祝儀式上致辭 ……… 12

時任香港特區候任行政長官李家超在《大公報》創刊120周年慶祝儀式上致辭……… 15

時任香港大公文匯傳媒集團董事長姜在忠在《大公報》創刊120周年慶祝儀式上致辭 ……… 17

銳意創新發展　擴大傳播力影響力 ……………………………… 李大宏 21

牢記總書記囑託　書寫更精彩篇章 ……………………………… 于世俊 23

加倍努力，不負主席期望 ………………………………………… 湯嘉平 25

倍感振奮，激勵我們新時代大公人 ……………………………… 盛文軒 26

我很自豪，能夠在這團隊成長 …………………………………… 伍軒沛 27

新華社綜述：立言為公　文章報國 ……………………………………… 28

立言為公文章報國　不忘初心再譜新篇 …………………… 《大公報》社評 34

習近平總書記指明愛國愛港媒體未來工作方向 ………………… 盧文端 38

以筆為劍激濁揚清　牢記囑託再建新功 ………………………… 卓偉 41

香港新形勢下愛國媒體任重道遠 ………………………………… 劉兆佳 44

不忘大公初心，立言為公凝聚社會共識 ………………………… 屠海鳴 48

弘揚愛國傳統，文章報國匯聚發展合力 ………………………… 屠海鳴 52

銳意創新發展，勇立潮頭書寫時代華章 ………………………… 屠海鳴 56

我與《大公報》的大公情

雄關如鐵　從頭跨越 ……………………………………………… 曾德成 65

薪火相傳，生生不息 ………………………………… 楊祖坤 69

學會「以廣闊的視野思考問題」 …………………… 陳杰文 72

「超級聯繫人」《大公報》 ………………………… 葉中敏 77

在《大公報》「織」網 ……………………………… 王偉 81

名記者朱啟平二三事 ……………………………… 焦惠標 86

難忘「顧大使」 …………………………………… 焦惠標 90

在副刊部的日子 …………………………………… 郭震 93

江山留勝跡，我輩復登臨 ………………………… 孫志 97

扣好職業生涯第一粒扣子 ………………………… 茅杰 101

我以大公報人為榮 ………………………………… 鍾麗娟 104

我在《大公報》的成長 …………………………… 馬玲 107

「報館就像一個溫暖的大家庭」 ………………… 常婷婷 111

與《大公報》沾緣 ………………………………… 潘耀明 114

一份報，兩代情 …………………………………… 屠海鳴 119

軒尼詩道上的兩條平行線 ………………………… 簡嘉明 125

立言為公　不負時代 ……………………………… 黃麗芳 128

百年老報「正青春」 ……………………………… 凌俊傑 130

三代人的《大公報》情緣 ………………………… 陳冠宏 132

以文章報國　為興港發聲 ………………………… 李宇陽 134

以媒為錨　護港遠航 ……………………………… 鐔言 136

四十載的文字緣 …………………………………… 東瑞 139

長河浩蕩　俊采星馳 ……………………………… 吳捷 142

大公情緣 …………………………………………… 沈言 146

消失於硝煙中的戰地記者方大曾 ………………… 屈穎妍 148

大公，天下為公 ⋯⋯⋯⋯⋯⋯⋯⋯⋯⋯⋯⋯⋯⋯ 丘樹宏 156

《大公報》歷史故事

天津鬧市小樓　誕生百年大報 ⋯⋯⋯⋯⋯ 張聰　俞鯤　張帆 159

重慶艱苦辦報　抗戰輿論中堅 ⋯⋯⋯⋯ 韓毅　蘇征兵　張寶峰 168

《大公報》立言為公　啟最早黃金時代 ⋯⋯⋯⋯⋯⋯⋯ 孫志 178

歷經百年風雨　愛國矢志不渝 ⋯⋯⋯⋯⋯⋯⋯⋯⋯ 張寶峰 184

記者應存大我而忘小我 ⋯⋯⋯⋯⋯⋯⋯⋯⋯⋯ 鄭曼玲 192

明恥啟民智　讜論報國仇⋯⋯⋯⋯⋯⋯⋯⋯⋯⋯ 馬浩亮 202

忠於祖國　當一輩子新聞記者 ⋯⋯⋯⋯⋯⋯⋯⋯ 馬浩亮 210

胸懷國家前途　踐行文章報國 ⋯⋯⋯⋯ 張寶峰　凱雷　郭瀚林 218

《大公報》戰地記者走在抗戰最前線 ⋯⋯⋯⋯⋯⋯⋯ 孫志 226

一張報紙定乾坤　百年大公垂青史 ⋯⋯⋯⋯ 孫志　凱雷　郭瀚林 236

大公密碼：以鋒利之筆　寫忠厚之文 ⋯⋯⋯⋯⋯⋯ 鄭曼玲 244

無懼槍林彈雨　傳遞抗戰精神 ⋯⋯⋯⋯⋯⋯⋯⋯ 鄭曼玲 252

周恩來與《大公報》淵源深　肝膽相照 ⋯⋯⋯ 任芳頡　凱雷　郭瀚林 260

大公現象：傳承報國情懷　造就大批人才 ⋯⋯⋯⋯⋯⋯ 張帥 268

不負時代重託　堅持為民發聲 ⋯⋯⋯⋯⋯⋯ 孫志　張寶峰 276

《大公報》上的「津津有味」 ⋯⋯⋯⋯⋯⋯⋯⋯⋯ 馬浩亮 284

《大公報》上的海軍一號文件 ⋯⋯⋯⋯⋯⋯⋯⋯⋯ 馬浩亮 288

影視劇裏的《大公報》　見證時代風雲 ⋯⋯⋯⋯⋯⋯ 馬浩亮 292

「六一七」：普通一日刻錄三世紀榮辱 ⋯⋯⋯⋯⋯⋯ 馬浩亮 296

《大公報》報史研究的現狀與啟示⋯⋯⋯⋯⋯⋯ 萬京華　劉雅婷 300

國務院港澳辦：
習近平賀信體現深切關懷和巨大鼓勵

【大公報訊】國務院港澳事務辦公室發言人6月12日發表談話表示，在即將迎來香港回歸祖國25周年之際，中共中央總書記、國家主席、中央軍委主席習近平為《大公報》創刊120周年致賀信，充分肯定了《大公報》在新時代旗幟鮮明發出正面聲音，凝聚社會共識，為維護香港社會穩定、增進香港與內地交流、促進人心回歸作出的貢獻。這是對《大公報》的高度評價，更深刻揭示了愛國愛港媒體茁壯發展、基業長青的必由之路，指出了愛國愛港媒體在「一國兩制」下應有的使命擔當。習近平總書記在賀信中希望《大公報》不忘初心，為「一國兩制」實踐行穩致遠、為實現中華民族偉大復興的中國夢書寫更為精彩的時代篇章，這既是向《大公報》和所有愛國愛港媒體發出的響亮號召，也是向整個香港社會和全體香港同胞發出的殷切召喚，為香港更好融入國家發展大局，實現長期穩定繁榮發展指明了前進方向。

殷切期待香港開啟新篇章

發言人表示，當前香港正處在從由亂到治邁向由治及興的關鍵時期。習近平總書記的賀信既表達了對《大公報》和香港大公文匯傳媒集團全體員工的深切關懷，也表示了對香港所有愛國愛港媒體的巨大鼓勵，更體現了對香港展現新氣象、開啟新篇章的殷切期待。我們相信，香港特別行政區政府和社會各界人士一定能夠深刻領會習近平總書記在賀信中寄寓的諄諄囑託，繼續弘揚愛國傳統，銳意創新發展，踔厲奮發，砥礪前行，在新起點上再創新輝煌。

不忘初心，繼續以民族復興和國家強盛為己任

中聯辦主任駱惠寧在《大公報》創刊120周年慶祝儀式上致辭

◄中聯辦主任駱惠寧表示，習近平總書記充分肯定《大公報》在各個歷史時期特別是新時代所發揮的積極作用。

尊敬的林鄭月娥行政長官

李家超候任行政長官

各位嘉賓，各位朋友：

首先，我宣讀中共中央總書記、國家主席、中央軍委主席習近平對《大公報》創刊120周年的賀信：

值此《大公報》創刊120周年之際，我向全體員工表示熱烈的祝賀！

一個多世紀以來，《大公報》秉承「忘己之為大，無私之謂公」的辦報宗旨，立言為公，文章報國，為新中國建設、改革開放和現代化建設，為香港回歸祖國、保持繁榮穩定發揮了積極作用。進入新時代，《大公報》旗幟鮮明發出正面聲音、凝聚社會共識，為維護香港社會穩定、增進香港與內地交流、促進人心回歸作出了貢獻。

希望《大公報》不忘初心，弘揚愛國傳統，銳意創新發展，不斷擴大傳播力和影響力，為「一國兩制」實踐行穩致遠、為實現中華民族偉大復興的中國夢書寫更為精彩的時代篇章。

　　剛才，我榮幸地宣讀了習近平總書記為《大公報》創刊120周年發來的賀信。習近平總書記一直牽掛香港發展。在香港即將迎來回歸祖國25周年之際，習近平總書記向《大公報》發來賀信，對《大公報》工作給予高度肯定、提出殷殷期望，充分體現了習近平總書記對《大公報》的親切關懷，對香港「一國兩制」事業的高度重視。賀信對大文集團為代表的愛國愛港傳媒是巨大的鼓舞，也必將為步入由治及興關鍵時期的香港注入強大精神動力。

　　賀信中，習近平總書記充分肯定了《大公報》在各個歷史時期特別是新時代所發揮的積極作用，以「立言為公、文章報國」八個字給予精闢概括，並希望《大公報》「弘揚愛國傳統，銳意創新發展」，深刻闡明了《大公報》120年歷史的主線之所在、報魂之所繫、未來之所向。相信大文集團在未來發展中，一定會牢記習近平總書記的囑託，繼續以民族復興和國家強盛為己任，不忘初心、不負重託，以創新發展不斷擴大傳播力影響力，在新征程上賡續愛國傳統、書寫中國傳奇。

　　習近平總書記對《大公報》未來發展提出的殷切希望，也是對所有愛國愛港傳媒的深情勉勵。在香港這個多元社會，尤其需要愛國愛港傳媒堅持真理、激濁揚清，尤其需要愛國愛港媒體人秉持使命、擔當作為。習近平總書記在賀信中希望《大公報》「為『一國兩制』實踐行穩致遠，為實現中華民族偉大復興的中國夢書寫更為精彩的時代篇章」，這也是對香港所有愛國愛港傳媒，對香港所有「一國兩制」實踐參與者、建設者所提出的殷切囑託。讓我們在新起點上攜手努力，推動香港與祖國人民一起，共擔民族復興的歷史責任，共享祖國繁榮富強的偉大榮光。

　　最後，我代表中央政府駐港聯絡辦再次向《大公報》全體同仁致以熱烈的祝賀。謝謝大家！　　　　　　　　（標題為編輯所加）

在新時代肩負重要角色，助力推廣國民教育

時任香港特區行政長官林鄭月娥在《大公報》創刊120周年慶祝儀式上致辭

◀林鄭月娥指出，《大公報》立足香港，背靠祖國，面向世界，是香港重要的報章之一。

尊敬的駱惠寧主任（中央人民政府駐香港特別行政區聯絡辦公室主任）、李家超候任行政長官、鄭雁雄署長（中央人民政府駐香港特別行政區維護國家安全公署署長）、劉光源特派員（外交部駐香港特別行政區特派員公署特派員）、姜在忠董事長（時任香港大公文匯傳媒集團董事長）、各位嘉賓、各位朋友：

大家下午好。我十分高興今天出席慶祝香港回歸祖國25周年——《大公報》創刊120周年慶典。

《大公報》於1902年6月17日在天津創刊，到現在已經有整整120年歷史，是在香港刊印界中歷史最悠久的中文報紙，在香港回歸祖國、保持香港長期繁榮穩定的時代征程中發揮了積極的作用。

我們對《大公報》悠久歷史的致敬，不止於今天由我代表香港特別行政區政府和在座各位嘉賓聚首一堂，出席《大公報》的周年慶祝儀式。香港特區政府的香港郵政將會在6月17日，也就是《大公報》120歲生日那天，推出發售以「大公報創刊一百二十周年」為題的郵票小型張等

郵品,作為紀念。我知道郵票小型張的設計呈現當年《大公報》在天津的館址,以及今天香港的城市風光,凸顯《大公報》在中國近代歷史和新時代發展中所肩負的重要角色,也助力推廣國民教育,引導讀者鑒古知今,從而培養他們的愛國之情、砥礪強國之志、實踐報國之行。在座各位《大公報》的好朋友可以親身到郵政局,或通過線上方式購買這一套精美的郵品。

《大公報》立足香港,背靠祖國,面向世界,是香港重要的報章之一。在現今數字化發展愈趨蓬勃的年代,讀者的品味不斷改變,雖然《大公報》是一份歷史悠久的報章,但在新時代的洪流下從未停步,早就採取報紙與新媒體融合發展的模式,兼顧傳統媒體與新興媒體的運作,擴大傳播力和影響力。我相信在座各位除了閱讀《大公報》的紙本版之外,也會閱讀和收看在大公網和社交媒體平台的報道和視頻。

無論時代如何變遷,不變的是報章和其他傳媒所肩負為讀者和觀眾蒐集和發掘資訊、作出分析比對、評論倡議的功能,幫助公眾了解社會情況和重要議題,促進良性討論,推進社會進步。香港經歷了這幾年來的風風雨雨,全賴中央兩大舉措——制定實施《香港國安法》和完善特區選舉制度,讓香港重回「一國兩制」的正確軌道。在這個來之不易的穩定環境下,媒體的角色更形重要。媒體除了繼續善用新聞自由、監察政府施政外,更應該自覺維護國家安全,遵守法律,主動向社會傳達有關國家安全的信息,為廣大讀者和觀眾提供正確、全面、不偏不倚的資訊。

各位朋友,今年除了是《大公報》創刊120周年之外,也是香港特區成立25周年。香港特區政府以「砥礪奮進廿五載　攜手再上新征程」為主題,舉辦一系列精彩活動,與廣大市民一起慶祝香港回歸祖國的重要

時刻，回顧香港特區過去25年的驕人成就，掌握在中央支持下的無限機遇，共同開創香港美好的未來。站在這個歷史的里程碑，我深信《大公報》與香港特區一樣，將會繼續昂首向前，就像我們慶祝回歸25周年主題曲《前》的歌詞最後一句：「願這香港同心一起創建」。謝謝大家！

（標題為編輯所加）

▲時任香港特區行政長官林鄭月娥，香港中聯辦主任駱惠寧，時任香港特區候任行政長官李家超，時任香港大公文匯傳媒集團董事長、大公報社長姜在忠等步入會場。

大公報記者蔡文豪攝

走在新聞最前線，與時代一同前進

時任香港特區候任行政長官李家超在《大公報》創刊120周年慶祝儀式上致辭

◄李家超認為，翻開《大公報》，如同看到了中國的近代史、現代史。

尊敬的林鄭月娥行政長官、尊敬的駱惠寧主任（中央人民政府駐香港特別行政區聯絡辦公室主任）、鄭雁雄署長（中央人民政府駐香港特別行政區維護國家安全公署署長）、劉光源特派員（外交部駐香港特別行政區特派員公署特派員）、姜在忠董事長（時任香港大公文匯傳媒集團董事長）、各位嘉賓、各位朋友：

大家好。今天是慶祝《大公報》120周年的重要里程碑。《大公報》是辦報歷史最悠久的中文報章，在香港、內地以及海外華人社會都深具影響力。我謹此向《大公報》全體所有員工表示熱誠的祝賀！習近平總書記特地給《大公報》發賀信，足證《大公報》為國家、為香港作出很大的貢獻。

從1902年創辦至今，《大公報》一直秉持「忘己之為大，無私之謂公」的辦報精神，擔當着時代見證人的角色。《大公報》生於憂患，歷經抗戰、新中國成立、改革開放、香港回歸祖國和國家在二十一世紀騰飛的歷史時刻，走在新聞的最前線，與時代一同前進，可以說，翻開《

大公報》，看到了中國的近代史、現代史。

今年是香港回歸祖國25周年，未來五年是香港由治及興的關鍵時刻。我深信《大公報》會繼續擔當歷史的見證者，客觀、公正、持平報道「一國兩制」在香港特區的成功實踐，充分利用《大公報》立足香港、背靠祖國、面向世界，開拓創新的獨特優勢，講好香港故事，為實現中華民族偉大復興作出貢獻。

香港是一個資訊發達的地方，媒體在香港百花齊放。香港的新聞自由，受《基本法》保障，並符合《公民權利和政治權利國際公約》適用於香港的有關規定。只要不違反法律，新聞自由空間無限。這標準和世界先進的地區一致，包括西方國家。

新聞工作擁有公民社會力量，也因此有重要的社會責任。新聞工作向專業化發展，去蕪存菁，除了是公信力的使然，更是行業責任的使然，是新聞道德的使然。

《大公報》作出專業、公正、持平的新聞報道已經歷了兩個甲子，今年是《大公報》歷史上第三個壬寅年。我祝賀《大公報》昂然走進第三個甲子，為香港的新篇章、為國家的繁榮富強、為世界的和平發展，作出更大的貢獻。謝謝大家。

（標題為編輯所加）

傳承愛國基因，書寫時代篇章

時任香港大公文匯傳媒集團董事長姜在忠在《大公報》創刊120周年慶祝儀式上致辭

◀姜在忠強調，
《大公報》始終
傳承愛國基因，
堅守愛國陣地。

尊敬的林鄭月娥行政長官、駱惠寧主任、李家超候任行政長官、鄭雁雄署長、劉光源特派員、鄭若驊司長、盧新寧副主任、毛超峰董事長，各位來賓、各位朋友：

大家好！仲夏六月，生機盎然。在《大公報》創刊120周年之際，我們十分榮幸地接到了中共中央總書記、國家主席、中央軍委主席習近平發來的賀信，這讓我們喜出望外、無上榮耀。

總書記在賀信中對《大公報》給予了高度評價，寄予了諄諄囑託和殷切期望，飽含對《大公報》全體同仁的親切關懷。這是對《大公報》在各個歷史時期特別是新時代所發揮的積極作用給予的充分肯定，更為《大公報》未來發展指明了方向和目標。這是對大公文匯傳媒集團全體員工和香港愛國愛港傳媒的巨大鼓舞，為大文集團在新時代奮勇前行注入了強大精神力量。

作為迄今發行時間最長的華文媒體，《大公報》有着輝煌的歷史，自1902年6月17日創刊以來，《大公報》始終與時代同呼吸，與民族共

命運,立言為公,文章報國。特別是香港回歸祖國二十五年來,《大公報》立足香港,心繫祖國,面向世界,及時傳遞中央聲音,報道祖國改革發展取得的巨大成就,在支持特區政府依法施政、團結凝聚香港社會各界、推動香港與內地交流合作、增進香港同胞對祖國的了解等方面不懈努力,多有建樹。

120年來,《大公報》之所以能夠一紙風行,生生不息,最重要的一點,那就是始終傳承愛國基因,堅守愛國陣地,洋溢愛國熱情,弘揚愛國傳統。用以天下為己任的襟懷和抱負,關注民族復興和國家強盛;以大國大報的使命和擔當,緊扣時代脈動,定格歷史瞬間;以飽蘸理性與激情之健筆,謳歌改革開放,書寫中國傳奇。

120年來,從鉛與火、光與電到數與網,媒體發展不斷迭代,《大公報》的愛國初心始終不變,改革步伐一直與時俱進。2016年1月,《大公報》與香港《文匯報》組建成立了香港大公文匯傳媒集團。通過整合資源,錯位發展,自我革新,不斷加強新媒體建設,強化互聯網思維,大力推動媒體融合,拓展媒體服務功能,擴大國際傳播力,注重可視化內容生產,積極探索媒體數字化轉型之路,從單一紙媒向融合多媒體、覆蓋多平台的傳媒集團進軍,建成了四個網站、三個移動端、十多個境內外社交媒體賬號,形成了報、網、端、微等各終端並行的全媒體傳播格局,聚集用戶1500萬,日均閱讀量超千萬人次,在香港報業公會「最佳新聞獎」評選中,大公報及集團媒體連創佳績,這從一個側面體現了《大公報》和大文集團融合創新發展的成果。

當前,香港已實現由亂到治,正開啟由治及興的新篇章,即將迎來回歸祖國25周年的重要歷史時刻,這是香港奮起直追、再創輝煌的新起點。作為愛國愛港傳媒,大公文匯傳媒集團將謹記總書記的囑託,按照

駱惠寧主任的要求，發揚愛國傳統，順應時代潮流，加快融合發展，服務香港讀者，努力擴大輿論影響力；堅定支持特區政府依法施政，支持香港融入國家發展大局；引導社會各界進一步全面準確理解「一國兩制」的深刻內涵，維護憲法和基本法確定的特別行政區憲制秩序；打造集思廣益的議政平台，研究涉及香港整體利益和香港同胞根本福祉的重要課題，通過釐清思路，凝聚共識，增進認同，進一步形成「心往一處想、勁往一處使」的發展合力。

憶往昔，歲月荏苒，風雨兼程守初心；展未來，時不我待，奮勇前行擔使命。《大公報》創刊120年來所取得的成就和進步，離不開幾代大公人殫精竭慮、無私忘我的默默奉獻，離不開社會各界的大力支持，離不開廣大讀者的包容厚愛。在此，我謹代表《大公報》和香港大公文匯傳媒集團，向大家致以崇高的敬意和由衷的感謝！

值此香港回歸祖國25周年紀念日來臨之際，讓我們一起祝願，祖國富強昌盛，香港繁榮穩定，明天更加美好！祝在座各位吉祥如意，幸福安康！

謝謝大家！

（標題為編輯所加）

▲大公文匯傳媒集團董事長、總編輯、《大公報》社長李大宏。

◀會場中的大型圖片展，圖文並茂呈現《大公報》從創刊日至今各個歷史時期的重要報道。

◀《大公報》創刊120周年慶祝儀式，全場肅立，奏唱國歌。

銳意創新發展　擴大傳播力影響力

香港大公文匯傳媒集團董事長、總編輯、《大公報》社長李大宏
在學習習近平總書記賀信精神座談會上的發言

習近平總書記為《大公報》創刊120周年發來的賀信，是《大公報》120華誕收到的最寶貴、最厚重的生日禮物。總書記的賀信，既是對《大公報》在各個歷史時期特別是新時代所發揮的積極作用的充分肯定，也是對香港所有愛國愛港媒體人的殷切期待，為《大公報》和所有愛國愛港傳媒未來發展指明了方向和目標，為大文集團在新時代奮勇前行注入了強大精神力量。

習近平總書記在賀信中希望《大公報》「銳意創新發展，不斷擴大傳播力和影響力」，這是《大公報》和大文集團下一步的重點努力方向。我們將在以下四個方面重點發力：

一要進一步加強議題設置能力和本地輿論場的引導能力，大文要努力走在話語權建設的前列，積極參與「一國兩制」理論和話語權創新。一方面統領愛國者陣營的思想，為建設好香港、服務國家提供理論思考和探討的園地；另一方面讓更多受眾從思想層面看到前行方向，避開激進化、極端化歧途。

二要在話語體系上有更高的要求，在佔據道理、法理和情理制高點上更加努力。在鞏固發展最核心的愛國愛港民意力量的基礎上，有效解決中間市民到達率、年輕群體接受度不高的問題。人心回歸的「災後重建」需要我們久久為功，潤物無聲。

三要持續推進集團媒體轉型升級，進一步用互聯網思維重構集團各媒體策、採、編、發、評、存等各項業務，最終實現「三個融合」戰略

目標。一是打通集團內部各媒體資源的編採融合,目標是以中央廚房為紐帶,進一步整合採編流程和採編力量,建設「融媒體」,實現傳播能力升維;二是整合愛國愛港力量的聯動融合,目標是發揮大文媒體矩陣的核心帶動優勢,搭建愛國愛港力量引導、動員、發聲「一體化」的聚合平台,建設「動媒體」,實現傳播功能升級;三是突破單純新聞業務的跨圈融合,目標是用資訊、社群和服務連結廣大受眾,提升平台人氣和黏性,突破新聞的邊界,突破同溫層的制約,為柔性傳播、夾帶傳播、「跨圈」傳播創造條件,建設「泛媒體」,實現傳播邊界拓展。

四要在對外傳播上有更大的擔當作為。大文集團要利用香港地處中西交流前沿的特點和獨特優勢,當好國家對外傳播的試驗田和溝通中外的橋樑。當前要重點辦好現有的點新聞英語網站,同時致力在開拓 FB/YTU/IG 等海外社交媒體矩陣方面,有新的建樹和突破。

▼《大公報》創刊120周年,報館新老領導和員工在慶祝會場大合照。

牢記總書記囑託　書寫更精彩篇章

《大公報》總編輯于世俊在學習習近平總書記賀信精神座談會上的發言

習近平總書記為《大公報》創刊120周年發來賀信，全體員工這幾天一直處在興奮激動之中。總書記向全體《大公報》員工表示熱烈祝賀，這是對我們的深切關懷和巨大鼓舞，就連負責前台接待工作的阿姨都跑過來，激動地對我說：「想不到總書記那麼忙，還專門來信祝賀，太光榮了！」

報道這一消息的《大公報》號外在編輯部被一搶而光，員工用來學習、收藏。接到消息後，我們立即進行周密安排；同時進行專題採編，出版號外，當晚港聞部的同事奮戰到凌晨三點半，很疲倦，但大家依然感到很振奮。

這是職業的追求，更是信仰的力量！「忘己之為大，無私之謂公」，這是貼在《大公報》牆上的大字標語，也是每個大公人的格言。

總書記在賀信中表示，進入新時代，《大公報》旗幟鮮明發出正面聲音、凝聚社會共識，為維護香港社會穩定、增進與內地交流、促進人心回歸作出了貢獻。

對於我們《大公報》員工來說，愛國是我們的信仰，也是我們旗幟鮮明發出正面聲音的底氣所在。

回顧2019年黑暴期間，《大公報》記者衝在最前線，一年之內發出89篇很有影響力的調查報道，其中大部分都是揭露黑暴和「港獨」分離勢力的。對那些曾經不可一世的反中亂港分子，我們不畏凶險，一個一個去揭露，一個一個去炸「碉堡」，《大公報》成為攬炒派的眼中釘。

有人說，我們的條件不是最好的，甚至是小米加步槍，但我們的戰

鬥力絕對是一流的。的確，我們有一支充滿激情的骨幹隊伍，我們付出了代價，但我們取得了勝利！

黑暴期間，為了揭露真相，《大公報》有31人受傷，有4人重傷入院，有一位記者三次被暴徒圍攻毆打，他雖然頭破血流，但仍然昂着頭面對上百名暴徒。事後他對前往慰問的集團董事長姜在忠說：我們不怕，我們是為國家在做事！集團副董事長兼總編輯李大宏到這位同事家中看望他，這位同事躺在床上說：「《大公報》如果不說真話，還有誰說！」不過，他不肯去醫院，因為害怕被醫院內的「黃絲」針對！

「港獨」分子梁天琦被我們的記者盯上後，我們發出多篇揭露其真相的報道，他惱羞成怒，派人跟蹤伏擊我們的記者，結果記者被他打昏在地，醒來後奮力還擊。梁大罵：「你這麼賣命，共產黨給你什麼好處！」記者大聲回應：「你們搞死香港，天理不容！」這些對話後來隨閉路電視影片作為證據，上了法庭，令不少人為之感動。

大公文匯傳媒集團努力創造條件，想盡辦法幫助《大公報》員工，增強了凝聚力和戰鬥力，創造條件讓我們打了一個又一個漂亮仗。

「乘風好去，長空萬里，直下看山河。」現在是《大公報》乘勢而上的最好時候。展望未來，我們要繼續不忘初心，不驕不躁，沿着總書記指引的方向，在銳意創新發展，擴大影響力和傳播力上下功夫，加強傳播手段和話語方式創新，一是強化策劃，內容突破；二是多舉並措，融合發展；三是人才培養，隊伍建設。

新時代是奮鬥者的時代，是實幹者的時代，我們堅決牢記總書記囑託，一定會克服困難，只爭朝夕，書寫更加精彩的新篇章。

《大公報》年輕員工感言：

加倍努力，不負主席期望

習主席的賀信令我們這些年輕的《大公報》記者十分振奮，非常鼓舞！《大公報》人才輩出，許多前輩及其作品至今仍是我們的偶像和教科書中的經典。在這樣的報館工作，我們懷有敬畏之心、崇敬之情，更感自豪和驕傲。

作為新聞工作者，在「一國兩制」下應該發揮新聞媒介的積極作用，凝聚共識，這是我們的使命所在。總書記對《大公報》的高度評價，讓我們感到肩上責任更重，更要加倍努力，不負習主席期望。我很幸運地在《大公報》遇到一些幹實事、有理想的前輩，作為「後浪」的我們要迎難而上，傳承好「大公」精神！

（大公報記者　湯嘉平）

◀▲大公報人見證、記錄、推動了香港從由亂到治邁向由治及興這一歷史性轉折，為《大公報》「文章報國」的光榮歷史譜寫了新篇章。

倍感振奮，激勵我們新時代大公人

對每一個有志從事傳媒行業的人來說，《大公報》都具有無比的吸引力。

十年前我有幸加入《大公報》，成為這個大家庭中的一員。從2014年非法「佔中」到2019年黑暴衝擊，香港經歷社會大動盪，大公報人始終以堅定的愛國立場，揭露黑暴真相，面對反中亂港勢力的攻擊和抹黑，從不退縮。我更加深刻感受到《大公報》立言為公的報格魅力。平時報道工作，集團和報社領導對我們要求嚴格，傳承了《大公報》嚴謹專業精神，讓我們終身受益。

在《大公報》120周年的大日子，得知習主席發來賀信，心情無比激動，這份激勵鼓舞我們新時代大公人，為傳媒事業更好地去奮鬥。

（大公報記者　盛文軒）

▲香港已實現由亂到治的重大轉折，正處在由治及興的關鍵時期。大公報人一直走在時代最前線，記錄每一個重大歷史時刻。

我很自豪，能夠在這團隊成長

2019年，我剛畢業就加入了《大公報》。入職不久參加新人培訓後，我對《大公報》的悠久歷史有了更深認識，看到不同時代的大公人堅持文章報國，受到很大觸動。當上記者兩個月不到，就爆發了黑暴。我和同事在採訪前線不只一次受傷。危險當前，《大公報》記者堅持報道真相的使命感，支持我努力前行。

不知不覺三年過去，從當上報社優秀員工，到報業公會最佳新人獎，感謝《大公報》給我機會，感謝前輩的耐心指導，讓我不斷學習成長。從入行之初的社會混亂，到如今社會穩定，一直在採訪前線的我，與廣大市民一樣，感到由衷的喜悅。

非常自豪，我是堅持傳播正能量的《大公報》的一分子！

（大公報記者　伍軒沛）

▲三年五波疫情，大公報人一直堅守崗位，站在疫戰最前線。

新華社綜述：立言爲公　文章報國

——寫在《大公報》創刊120周年之際

在《大公報》創刊120周年之際，中共中央總書記、國家主席、中央軍委主席習近平發來賀信，對《大公報》的工作給予肯定並提出殷切期望，充分體現了習近平總書記對《大公報》的親切關懷，對香港「一國兩制」事業的高度重視。

習近平總書記的賀信在香港各界引起熱烈反響，認為在當前香港實現由亂到治、開啟由治及興的關鍵歷史時刻，總書記的賀信是對《大公報》為代表的愛國愛港傳媒的巨大鼓舞，也必將為香港注入強大的精神動力。

堅守初心本色，弘揚愛國傳統

習近平總書記以「立言為公，文章報國」精闢概括了《大公報》在各個歷史時期特別是新時代所發揮的積極作用，並殷殷期望《大公報》「不忘初心，弘揚愛國傳統」，深刻闡明了《大公報》120年歷史的主線之所在、報魂之所繫、未來之所向。

香港特區候任行政長官李家超在出席《大公報》創刊120周年慶祝儀式時表示，《大公報》走在新聞的最前線，與時代一同前進，可以說，翻開《大公報》，就看到了中國的近代史、現代史。

全國人大常委會委員譚耀宗感慨地表示，習近平總書記的賀信是對《大公報》的充分肯定。在120年歷程中，《大公報》在多個重大歷史節點扮演了至關重要的角色。近年來，《大公報》立足香港，心繫祖國，面向世界，在止暴制亂守護香江、國安法落地生根、完善選舉制度、

落實「愛國者治港」、抗擊新冠疫情等重大事件中，採寫了一系列具有重要影響力的報道和評論，為香港實現由亂到治的根本性轉折發揮了媒體不可替代的作用。

香港特區政府警務處處長蕭澤頤指出，2019年香港發生修例風波，《大公報》作為愛國愛港的一面旗幟，無畏無懼，勇於報道真相，用客觀報道和負責任的言論向香港社會和全世界揭露港版「顏色革命」的實質，為社會恢復穩定、維護國家安全作出了突出貢獻。《大公報》總編輯于世俊說：「對國家的信仰是我們旗幟鮮明發出正面聲音的底氣所在！」

香港大公文匯傳媒集團董事長、《大公報》社長姜在忠表示，《大公報》120年來之所以一紙風行、生生不息，最重要的原因就是始終傳承愛國基因、堅守愛國陣地、洋溢愛國熱情。在香港迎來由治及興的新階段，集團全體員工將牢記習近平總書記的囑託，繼續高舉愛國主義旗幟，引導社會各界進一步全面準確理解「一國兩制」的深刻內涵，匯聚愛國愛港強大正能量，促進香港社會的和諧穩定。

「不忘初心，弘揚愛國傳統」，也為愛國愛港傳媒指明了方向。香港特區選舉委員會委員、網媒巴士的報社長盧永雄撰文指出，習近平總書記的賀信中最重要的就是「愛國」，言論自由和愛國主義不是互相矛盾的，香港應該反思如何調和這兩種要求，《大公報》等愛國愛港媒體應當繼續對港人深入闡釋國家政策，讓香港人更了解祖國。

凝聚社會共識，促進人心回歸

習近平總書記在賀信中說：「進入新時代，《大公報》旗幟鮮明發出正面聲音、凝聚社會共識，為維護香港社會穩定、增進香港與內地交

流、促進人心回歸作出了貢獻。」各界人士表示，凝聚社會共識、促進人心回歸，既是《大公報》植根香港以來發揮的積極作用，也是所有愛國愛港傳媒必須共同承擔的責任和未來努力的方向。

長期以來，國家觀念與國民身份認同在不少香港青年學生身上嚴重缺失，其深層次原因是香港的教育問題。修例風波平息之後，《大公報》編輯部系統研讀了香港通識科課本中的種種問題，推出「教育病了」系列反思報道，成功推動特區政府於2021年改革通識教育科。參與這組報道的《大公報》教育組年輕記者湯嘉平表示，「這也是『立言為公，文章報國』的體現。」

多年來，《大公報》善用集團遍及內地的採訪力量，積極為香港融入國家發展大局建言獻策。港區全國人大代表黃玉山、香港教育工作者聯會副主席穆家駿表示，《大公報》堅持深入、全面報道國家經濟、文化、教育等各方面建設，將國家觀念、愛國立場融入本地事件的報道中，使香港市民能夠對中華民族偉大復興有更客觀、更深切的認識，起到了凝聚共識的重要作用。

今天，香港已實現由亂到治的重大轉折，正處在由治及興的關鍵時期。香港特區行政長官林鄭月娥指出，無論時代如何變遷，不變的是傳媒所肩負的蒐集和發掘信息、作出分析比對、評論倡議的功能，幫助公眾了解社會情況和重要議題，促進良性討論，推進社會進步。全國港澳研究會副會長劉兆佳表示，撥亂反正後最重要的戰場就是思想領域，愛國愛港媒體要積極發揮重要作用，把對國家、對「一國兩制」、對香港狀況的正確認識，傳遞給港人特別是年輕人，從而令人心回歸得到推進。

香港各界人士認為，在香港這個多元社會，尤其需要愛國愛港傳媒

堅持真理、激濁揚清。作為香港會員涵蓋面最廣和人數最多的新聞團體，香港新聞工作者聯會發表聲明表示，要以習近平總書記賀信精神為指導，用好香港連接中外、溝通世界之優勢，踐行傳媒成風化人、凝心聚力之使命，助力香港開啟由治及興新篇章。全國政協常委林淑儀表示，香港「一國兩制」實踐需要一個良好的輿論環境，講好香港故事是每一個香港人的責任，全社會都應該凝聚共識，共同為「一國兩制」實踐行穩致遠、為實現中華民族偉大復興的中國夢，作出進一步的貢獻。

銳意創新發展，擴大傳播力影響力

習近平總書記一直牽掛香港發展，關心愛國愛港傳媒。早在2012年6月和2013年9月，習近平分別對《大公報》創刊110周年和香港《文匯報》創刊65周年致賀信，希望《大公報》「與時俱進，開拓創新」、香港《文匯報》「不斷擴大影響力和公信力」。此次《大公報》120周年之際，習近平總書記再次發來賀信，希望《大公報》「銳意創新發展，不斷擴大傳播力和影響力」。

120年來，《大公報》的改革步伐一直與時俱進。《大公報》與香港《文匯報》組建成立香港大公文匯傳媒集團後，大力推動媒體融合，拓展媒體服務功能，擴大國際傳播力，形成了報、網、端、微等並行的全媒體傳播格局，聚集用戶1500萬，日均閱讀量超千萬。正如香港特區行政長官林鄭月娥所說，雖然《大公報》是一份歷史悠久的報章，但在新時代的洪流下從未停步。

近年來，《大公報》發揮輿論監督作用，在深度新聞、社會和民生新聞上下功夫，影響力、權威性不斷提升。香港報業公會前主席甘煥騰稱讚說，《大公報》的報道有公信力、權威性，「是中國新聞界的一面

▲在《大公報》創刊120周年之際，中共中央總書記、國家主席、中央軍委主席習近平發來賀信，對《大公報》的工作給予肯定並提出殷切期望

旗幟」。2020年度香港報業公會「最佳新聞獎」評選中，《大公報》以13個獎項居香港報紙首位；2021年，大公文匯傳媒集團再以23個獎項名列第一。

當前，香港正處於由治及興的關鍵時期，機遇與挑戰並存，引導社會各界進一步全面準確理解「一國兩制」的深刻內涵，研究涉及香港整體利益和香港同胞根本福祉的重要課題，是擺在香港傳媒面前的重大任務。傳媒人出身的香港立法會議員陳凱欣、香港特區選委會委員金鈴表示，媒體要抓住機遇、銳意改革創新，擴大傳播力和輿論影響力，打造

集思廣益的議政平台。對此，香港大公文匯傳媒集團副董事長、總編輯李大宏表示，集團將以總書記賀信精神為指引，用互聯網思維深化「三個融合」發展，即打通媒體資源的編採融合、整合愛國愛港力量的聯動融合、突破單純新聞業務的跨圈融合，加強傳播手段和話語方式創新，通過「內容＋服務」實現跨界、出圈、升維，一步一個腳印，書寫更精彩的新篇章。

（新華社記者　李柏濤）

立言爲公文章報國　不忘初心再譜新篇

《大公報》社評

　　百廿載風雲激盪，兩甲子文章報國。在《大公報》創刊120周年之際，中共中央總書記、國家主席、中央軍委主席習近平發來了賀信。賀信飽含了總書記對《大公報》的親切關懷，體現了中央對香港新聞和輿論工作的高度重視，既是對包括《大公報》在內愛國愛港媒體的充分肯定，更為新時期香港「一國兩制」事業發展指明了方向。總書記的諄諄囑託，《大公報》同仁銘記在心。在過去120年裏，《大公報》克盡言責、不辱使命；邁向未來，《大公報》必定不忘初心，不負總書記期望，全力以赴為「一國兩制」實踐行穩致遠、為實現中華民族偉大復興的中國夢書寫更為精彩的時代篇章。

　　從1902年創刊至今，《大公報》走過120個春秋。120年裏，《大公報》秉承「忘己之為大，無私之謂公」的辦報理念，與時代同呼吸，與民族共命運，筆錄歷史進程，見證國家發展。初心，就是為了民族復興、國家富強；愛國，就是自始至終貫穿於120年歷史的報章之魂。

　　在面對民族危難時刻，《大公報》六易其館，誓不在日寇鐵蹄下辦報一日，喊出「吃下砒霜，毒死老虎」的誓言，展現了大無畏的民族氣概。新中國成立，《大公報》頂住港英政府壓力，熱情宣傳內地建設成就，傳遞新中國的聲音。在中英談判、彭定康拋出「政改方案」等關鍵時刻，《大公報》堅定不移地與之鬥爭，為捍衛國家和人民利益敢言發聲，為香港的平穩過渡和順利回歸積極發揮輿論先導作用。正因如此，習近平總書記在賀信中給予高度評價：「為新中國建設、改革開放和現代化建設，為香港回歸祖國、保持繁榮穩定發揮了積極作用。」

　　進入新時代，《大公報》為團結凝聚社會各界、推動香港融入國家發展大局，作出了積極努力。尤其關鍵的是，在面對外國反華及本地反中亂港勢力的瘋狂破壞時，《大公報》堅定站在維護國家主權安全和發展利益的最前線。2019年爆發的黑色暴亂，《大公報》記者遭血腥毆打、館址遭縱火、同仁遭到各種死亡威脅，但《大公報》沒有後退一步，而是以更堅定的立場、更鮮明的態度、更積極的作為，推動香港止暴制亂，實現由亂到治的重大轉折。習近平總書記在賀信中對此給予充分肯定：「旗幟鮮明發出正面聲音、凝聚社會共識，為維護香港社會穩定、增進香港與內地交流、促進人心回歸作出了貢獻。」

　　《大公報》的120年，是高舉愛國旗幟的120年，是傳承發揚愛國精神的120年，不僅記錄了歷史、書寫了歷史，更推動了歷史。習近平總書記對《大公報》在不同歷史時期的作用和貢獻給予的高度評價，是國家最高領導人對一份百年愛國報章的肯定，更是對香港愛國愛港媒體及其新聞工作者的肯定。這是全體《大公報》同仁的無上榮光，也賦予了大公報人在新時期發揮更大作用的強大信心和動力。

　　時代巨輪滾滾向前，每一代大公報人都肩負着不同的歷史使命。習近平總書記在賀信中指出：「希望《大公報》不忘初心，弘揚愛國傳統，銳意創新發展，不斷擴大傳播力和影響力，為『一國兩制』實踐行穩致遠、為實現中華民族偉大復興的中國夢書寫更為精彩的時代篇章。」這既是總書記對《大公報》提出的殷切希望，也是向整個香港社會和全體香港同胞發出的殷切召喚，為香港更好融入國家發展大局，實現長期穩定繁榮發展指明了前進方向。

　　當前，香港已實現由亂到治的重大轉折，正處在由治及興的關鍵時期。香港即將迎來回歸祖國25周年的重要歷史時刻，這是香港奮起直追

、再創輝煌的新起點。《大公報》及全體愛國愛港媒體的角色更加重要，肩負的責任更加重大。行政長官林鄭月娥致辭時表示，「站在這個歷史的里程碑，深信《大公報》與香港特區一樣，將會繼續昂首向前，就像慶回歸25周年主題曲《前》的歌詞最後一句『願這香港同心一起創建』。」候任行政長官李家超表示，未來五年是香港由治及興的關鍵時刻。深信《大公報》會繼續擔當歷史的見證者，充分利用獨特優勢，講好香港故事，為實現中華民族偉大復興作出貢獻。

　　文章報國酬歷史，克盡言責在今天。習近平總書記的賀信，發出了鼓舞人心、奮楫揚帆的進軍號令，描繪了定綱指向、擘劃長遠的新藍圖，是《大公報》120華誕收到的最寶貴、最厚重的生日禮物。中央政府駐港聯絡辦主任駱惠寧昨日宣讀賀信後發表講話強調，總書記的賀信既是對《大公報》提出的殷切希望，也是對所有愛國愛港傳媒的深情勉勵，是對所有「一國兩制」實踐參與者、建設者所提出的殷切囑託。希望香港社會各界攜手努力，與祖國人民一起，共擔民族復興的歷史責任，共享祖國繁榮富強的偉大榮光。**全體《大公報》同仁將堅定不移貫徹落實總書記的指示精神，不忘初心，弘揚愛國傳統，不負總書記厚望，不負時代的重託，為「一國兩制」實踐行穩致遠、為實現偉大的中國夢書寫新的時代篇章。**

▲中聯辦主任駱惠寧（中）、中聯辦副主任盧新寧（左）和時任香港大公文匯傳媒集團董事長姜在忠（右），一同細閱《大公報》出版的《號外》。

▲時任大公文匯傳媒集團副董事長兼總編輯李大宏（左二）在《大公報》創刊120周年慶祝儀式上與嘉賓合照。

習近平總書記
指明愛國愛港媒體未來工作方向

盧文端

習近平總書記的賀信不但是對《大公報》工作的高度肯定，更充分體現他對香港「一國兩制」事業的高度重視，對愛國愛港媒體在新時代下發揮更大作用提出了勉勵和要求：一是堅持真理、激濁揚清，維護香港社會繁榮穩定；二是推動社會全面準確理解和貫徹「一國兩制」方針政策，確保「一國兩制」行穩致遠；三是傳遞中國聲音，講好中國故事。這三點要求，為愛國愛港媒體指明了未來的工作重點和方向。

在《大公報》創刊120周年慶祝儀式上，香港中聯辦主任駱惠寧宣讀了中共中央總書記、國家主席、中央軍委主席習近平對《大公報》創刊120周年的賀信。習近平總書記在賀信中，對於《大公報》在國家不同歷史時期所發揮的作用作出了充分的肯定，當中包括「為新中國建設、改革開放和現代化建設，為香港回歸祖國、保持繁榮穩定發揮了積極作用」；同時亦提到：「進入新時代，《大公報》旗幟鮮明發出正面聲音、凝聚社會共識，為維護香港社會穩定、增進香港與內地交流、促進人心回歸作出了貢獻。」習近平總書記在賀信中指出了愛國愛港媒體應該發揮的作用。

在新中國建設時代，《大公報》全力配合國家發展，全方位報道改革開放的進程和巨大成就，增進香港同胞對祖國的了解，構建兩地民眾的感情紐帶。在回歸前的過渡期，準確傳遞中方聲音，做好人心回歸工作。回歸後，立足香港，背靠祖國，面向世界，堅定支持特區政府依法施政，傳遞正面聲音，團結凝聚香港社會各界，維護香港社會繁榮

穩定。

始終旗幟鮮明抗擊黑暴

在2019年修例風波，黑暴橫行之時，不但香港法治秩序遭受前所未有的破壞，社會上更是歪理橫行，各種奇談怪論充斥，各種造假抹黑此起彼落，衝擊香港社會穩定，更嚴重損害兩地民眾關係。在這段黑暗的日子裏，一眾愛國愛港媒體始終旗幟鮮明抗擊黑暴，堅定支持特區政府維護法治秩序，全力支持警隊止暴制亂。

對於各種歪理謬論，愛國愛港媒體敢於直斥其非，並且通過全面、翔實的報道，讓內地同胞了解到香港社會的真相，了解到針對內地同胞的只是一小撮暴徒，通過報道增進香港與內地交流，推進人心回歸。在近年尖銳且複雜的政治鬥爭中，輿論和人心爭奪是一個主要戰場，愛國愛港媒體在當中發揮了重要的作用和貢獻，為香港由亂到治、由治及興做了大量的工作。香港能夠撥亂反正，愛國愛港媒體發揮了重要的作用。習近平總書記的賀信是對所有愛國愛港媒體的肯定和勉勵。

深情勉勵愛國愛港媒體

今年是香港回歸祖國25周年，「一國兩制」踏入了新階段，香港開啟良政善治的新篇章。香港要真正由治及興，需要有一個風清氣正的輿論環境，需要有一個聚焦發展、共同建設的社會氛圍，更需要不斷推進人心回歸，為良政善治打下更穩固基礎。

習近平總書記在賀信中指出：「希望《大公報》不忘初心，弘揚愛國傳統，銳意創新發展，不斷擴大傳播力和影響力，為『一國兩制』實踐行穩致遠、為實現中華民族偉大復興的中國夢書寫更為精彩的時代篇

章。」正如駱惠寧主任在講話中所說，習近平總書記對《大公報》未來發展提出的殷切希望，也是對所有愛國愛港傳媒的深情勉勵。

習近平總書記在賀信裏對愛國愛港媒體在新時代下發揮更大作用提出三方面的要求，指明了未來的工作方向：

一是堅持真理、激濁揚清，在輿論上有擔當有作為，維護香港社會繁榮穩定。在香港這個利益多元、輿論鬥爭激烈且尖銳的社會，輿論的引導和爭奪非常重要，直接關係社會的穩定和發展。愛國愛港媒體必須秉持使命，勇於作為，不斷加強輿論影響力。

二是推動社會全面準確理解和貫徹「一國兩制」方針政策，糾正社會上一些錯誤認識、樹立港人對「一國兩制」的正確理解，促進人心回歸，確保「一國兩制」行穩致遠。

三是善用香港國際平台，講好中國故事，傳播好中國聲音，展示真實、立體、全面的中國，為實現中華民族偉大復興作出貢獻。

（作者是全國僑聯副主席、中國和平統一促進會香港總會理事長）

以筆爲劍激濁揚清　牢記囑託再建新功

卓　偉

今年是《大公報》創刊120周年，中共中央總書記、國家主席、中央軍委主席習近平發來賀信，不但對《大公報》的工作予以高度肯定，更對愛國愛港媒體在新時代之下如何再建新功提出了要求、指明了方向。香港的輿論環境仍然嚴峻，政治鬥爭依然尖銳，西方反華勢力的「輿論戰」、「認知戰」仍然沒有停過，反中亂港媒體倒了又起，百足之蟲死而不僵。香港處於中西政治角力的風眼，各種輿論爭鬥、人心爭奪將繼續成為香港政治的一條主線。

「書生報國無長物，唯有手中筆如刀」。在輿論陣地上，愛國愛港的媒體人肩負更大的責任和使命，在新時代下愛國愛港媒體要再接再厲，關鍵就是秉持使命、擔當作為，以筆為劍、激濁揚清，以手中筆為「一國兩制」行穩致遠、為實現中華民族偉大復興的中國夢作出貢獻。

習近平總書記對《大公報》的殷切希望，也是對所有愛國愛港傳媒的殷殷囑託，更是使命與責任。總書記特意為《大公報》報慶發來賀信，向全體員工表示熱烈的祝賀，對《大公報》工作給予高度肯定，這當然是一種「殊遇」，當中既是對《大公報》百年大報歷史底蘊的認可，更是對其「立言為公、文章報國」「報魂」的肯定。

秉承「立言為公　文章報國」

在國家不同的歷史時期，《大公報》都發揮了重要的傳媒角色，由抗戰時的熱血疾書，到記錄新中國誕生的崢嶸歲月，《大公報》伴隨着國家由苦難走向輝煌。在新中國建設時代，《大公報》向香港社會全面

報道改革開放，為改革春風鳴鑼擊鼓，推動港人北上建設國家。在回歸前夕的複雜環境，《大公報》敢於與港英政府叫板，直斥其別有居心的政治圖謀。回歸後《大公報》始終如一支持特區政府依法施政，建言獻策、提點得失。面對尖銳的輿論環境，《大公報》敢於鬥爭，針對各種歪理謬論作出有力的澄清和反擊。

面對2019年「港版顏色革命」「黑雲壓城城欲摧」的黑暗歲月，《大公報》等愛國愛港媒體始終站在對抗「黑暴」最前線，向社會報道最真實的情況，以尖銳的評論點出這場「黑暴」的本質，為政府平暴獻計，為警隊止暴制亂打氣，當時不少警署都設有新聞牆，張貼各種報章的報道，《大公報》每每放在最顯眼的位置，不少警員都表示《大公報》的報道還了他們一個公道，振奮了他們的士氣。愛國愛港媒體人在「黑暴」期間以筆為劍，與暴徒及其背後勢力展開了激烈的鬥爭，穩住了香港的輿論形勢，為推動由亂到治作出貢獻。所以總書記在賀信中才提到：「進入新時代，《大公報》旗幟鮮明發出正面聲音、凝聚社會共識，為維護香港社會穩定、增進香港與內地交流、促進人心回歸作出了貢獻。」

習近平總書記的肯定不只是對《大公報》，事實是在香港各種政治風波中，《大公報》、《文匯報》以及所有愛國愛港媒體同樣發揮了重要的作用，構成了愛國愛港輿論力量的「方陣」。愛國愛港的媒體人多年來以高度的責任感和承擔，與外國反華勢力和反中亂港勢力展開了一場又一場的對決。由2003年的「七一遊行」，到2014年的非法「佔中」、2019年的「黑暴」，香港的政治風波從來沒有停過，反華勢力不斷注資壯大各個反中亂港媒體，由傳統報章到新媒體，每每不惜千金打造，愛國愛港媒體人一直與這些龐大的媒體周旋，在人手及資源都不及的情

況下，所憑着的正是「立言為公、文章報國」的使命使然。

愛國愛港媒體肩負更大責任

隨着香港國安法的出台，「黑暴」勢力兵敗如山倒，反中亂港的傳媒也訇然倒下，相關人士捕的捕、逃的逃，香港的輿論環境似乎有了天翻地覆的改變。然而，現在卻遠遠未到風清氣正之時。香港的輿論鬥爭仍然尖銳，一方面反中亂港媒體死而不僵，反中亂港勢力更不會甘心失敗，選舉、動亂之路不通，必將投入更大資源在輿論爭奪之上，各種宣傳「洗腦」工作仍會繼續；另一方面反中亂港的旗艦媒體倒閉了，但其衍生的各種網媒卻不斷成立，繼續進行各種政治宣傳，攻擊、詆毀「一國兩制」。在海外，西方國家仍然不斷打「香港牌」，在輿論上針對中國進行各種抹黑。

可以毫不誇張地說，香港暗底的政治鬥爭，依然沒有止息，反華勢力仍在潛伏等待下一次煽亂的機會。在這樣的情況下，愛國愛港媒體更必須保持警惕，不斷增強輿論影響力。

就如中聯辦主任駱惠寧指出，習近平總書記既是對《大公報》提出的殷切希望，也是對所有愛國愛港傳媒的深情勉勵。在香港這個多元社會，尤其需要愛國愛港傳媒堅持真理、激濁揚清，尤其需要愛國愛港媒體人秉持使命、擔當作為。

堅持真理、激濁揚清、秉持使命、擔當作為，正是中央對於愛國愛港媒體的要求和期待。要維護香港來之不易的局面，需要愛國愛港媒體發揮更大作用，以錚錚之聲激濁揚清，更好地宣傳中央政策、宣傳好「一國兩制」，促進人心回歸，更要發揮香港平台作用，傳遞中國聲音，講好中國故事。不忘初心、不負重託。 （作者是資深評論員）

香港新形勢下愛國媒體任重道遠

劉兆佳

　　2022年是愛國愛港媒體翹楚《大公報》創刊120周年，在此我向《大公報》同仁致以誠摯的祝賀和崇高的敬意。2022年也標誌着香港依照新的選舉制度成功舉行三場重要選舉後，初步築牢了「愛國者治港」的格局。可以說，2022年這個年頭在國家和香港的歷史上的意義實屬非凡。過去多年，香港經歷了艱辛的由亂到治的過程，並開啟了艱巨的由治及興的事業。誠然，在中央的殷切關懷和大力支持下，由治及興事業的前景無比光明，但我們卻絕對不能漠視或低估前路的滿途荊棘，尤其是要克服不少香港積累已久並仍待破解的大量深層次問題。香港全體的愛國者必須保持頭腦清醒和昂揚鬥志，悉力以赴，展現披荊斬棘的勇氣、擔當和毅力，方能讓由治及興最終成為事實，並讓「一國兩制」在香港行穩致遠。

「思想戰場」鬥爭沒有完結

　　在香港國家安全法和新的選舉制度雙重保障下，內外敵對勢力在香港難以立足，更不能如過去般在香港組織和策劃動亂，但這不等於表示「有效管治」和「長治久安」便唾手可得。香港仍然要繼續遏制那些「死而不僵」的反中亂港分子，更要防範和抗擊以美國為首的外部勢力對香港的不軌圖謀。展望將來，在中央、特區政府和愛國愛港力量的聯手防範和果斷應對下，香港出現大規模和持續動亂的機率應該不高，但在思想領域的鬥爭卻肯定方興未艾，且會呈現越演越烈之勢，而在思想領域的勝利則才是持久的、決定性的勝利。因此，各界必須攜手一起，竭

盡全力打好和贏取這場在思想戰場上的「終極較量」。

　　儘管美西方及其代理人在香港的活動受到強力遏制，但可以預見，他們在香港境外必然會發動連綿不斷的旨在抹黑和打擊國家和香港的宣傳攻勢和政治行動。那些行動亦可以視作西方遏制中國崛起的重要手段，是他們發動對中國的「混合戰爭」的核心環節。香港內部的亂港勢力也仍然會在避免正面挑戰香港國安法和本地相關法律的情況下，不停地用「擦邊球」的方式作出回應和配合。內外勢力的戰略目標是要在香港營造一個對中央、特區政府和愛國愛港力量不利的思想氛圍，目的是要干擾「一國兩制」的實踐、損害香港的繁榮、製造香港內部的分化與對立、動搖香港市民特別是年輕人對香港的信心，以及挑起他們對中央和特區政府的不滿和不信任。

　　近一兩年，西方國家的政客和官員越來越多對香港實施不友好乃至敵對的行動。美國政府更橫蠻地對香港特區和內地涉港事務的官員無理攻擊和施加「制裁」，亦意圖通過「制裁」的威脅阻嚇德才兼備的愛國者加入特區政府工作和左右特區政府的管治。英國和歐洲的政客更不時叫囂要配合美國對特區官員的「制裁」行動。西方國家意圖減少與香港在司法、文化和科技領域上的交往。美國的官員和政客不斷貶損香港的經濟和投資環境，以人身安全得不到保障為藉口恫嚇各國在港的商人和專業人才、並鼓勵西方企業撤離香港。與此同時，西方勢力不斷對香港的反中亂港分子予以鼓勵和聲援，並支持、資助和指揮那些逃逸到西方國家的反中亂港分子和被通緝人士在那兒成立組織、公開活動和通過媒體和社交平台，繼續對香港發動宣傳攻勢和思想灌輸。西方政府和政客更積極利用那些人和組織對中國內地和香港特區的攻擊作為「懲罰」香港的「理據」。可以想像，思想領域的鬥爭日後無論在網上或在網下必

定此起彼伏。

在香港內部，過去幾十年來，一些香港市民特別是年輕人在思想上被反中亂港分子和外部勢力荼毒，不但對「一國兩制」、中央對港方針、基本法乃至對國家和民族有錯誤和偏頗的認識，而且對國家、中央、特區政府、內地同胞和香港的愛國人士有不少牴觸和逆反情緒。部分人甚至相信各種各樣本土分離主義的意識。這些負面的認知和感情的存在，不但對「一國兩制」的全面和準確實踐不利，更成為香港融入國家發展大局和香港自身的繁榮穩定和長遠發展的嚴重障礙。當局過去幾年所做的大量撥亂反正的工作雖然取得了顯著的成績，特別是在教育、文化和媒體領域讓那些反中亂港組織和分子不得不離開或有所收斂，但他們的潛在影響力仍然不可小覷，仍會想方設法抵制或破壞日後特區政府和愛國愛港力量在國民、國情、愛國、憲法和基本法、國家安全、中國歷史、中華文化等教育的工作。事實上，在回歸前後，他們已經荼毒了一部分香港市民和幾代年輕人。即使沒有這些人的抵制和破壞，要讓香港市民特別是年輕人對國家、民族、「一國兩制」、香港的過去、現在和未來有正確的理解和煥發家國情懷，絕對不是一件一蹴而就的事，必須依靠長年累月、持之以恆的大量和細緻的思想教育工作。

不斷擴大傳播力和影響力

在未來的思想領域的戰鬥中，《大公報》和其他愛國愛港媒體必然是重要和積極的參與者，有責任為社會各方面提供正確、詳實和有益的材料和信息，尤其在新一代的教育工作者、媒體從業員和意見領袖的培育上，並對內外敵對勢力的歪論謬論和險惡行徑予以痛擊和駁斥。

中共中央總書記、國家主席、中央軍委主席習近平昨日致信祝賀《

▲時任行政長官林鄭月娥、中聯辦主任駱惠寧、時任候任行政長官李家超、駐港國安公署署長鄭雁雄、外交部駐港特派員公署特派員劉光源、時任律政司司長鄭若驊、中聯辦副主任盧新寧、紫荊文化集團董事長毛超峰和時任香港大公文匯傳媒集團董事長姜在忠，共同為《大公報》創刊120周年慶祝儀式主禮。

大公報》創刊120周年，強調：「進入新時代，《大公報》旗幟鮮明發出正面聲音、凝聚社會共識，為維護香港社會穩定、增進香港與內地交流、促進人心回歸作出了貢獻。」「希望《大公報》不忘初心，弘揚愛國傳統，銳意創新發展，不斷擴大傳播力和影響力，為『一國兩制』實踐行穩致遠、為實現中華民族偉大復興的中國夢書寫更為精彩的時代篇章。」

這是習近平總書記對《大公報》的高度評價和殷切期望，同時也是對香港社會提出的希望。我們殷切期望《大公報》能夠繼續肩負起歷史使命和社會的重託，無愧於新時代，為推動香港實現長期繁榮穩定而不懈努力。

（作者是香港中文大學社會學榮休講座教授、全國港澳研究會副會長）

不忘大公初心，立言爲公凝聚社會共識

——學習習近平總書記致《大公報》創刊120周年賀信系列評論之一

屠海鳴

在《大公報》創刊120周年之際，中共中央總書記、國家主席、中央軍委主席習近平為《大公報》創刊120周年致賀信。在昨日舉行的慶祝儀式上，香港中聯辦主任駱惠寧宣讀了賀信。

習近平總書記在賀信中指出，一個多世紀以來，《大公報》秉承「忘己之為大，無私之謂公」的辦報宗旨，立言為公，文章報國，為新中國建設、改革開放和現代化建設，為香港回歸祖國、保持繁榮穩定發揮了積極作用。進入新時代，《大公報》旗幟鮮明發出正面聲音、凝聚社會共識，為維護香港社會穩定、增進香港與內地交流、促進人心回歸作出了貢獻。總書記強調，希望《大公報》不忘初心，弘揚愛國傳統，銳意創新發展，不斷擴大傳播力和影響力，為「一國兩制」實踐行穩致遠、為實現中華民族偉大復興的中國夢書寫更為精彩的時代篇章。

這封賀信，是在香港實現由亂到治、正步入由治及興的關鍵時期發來的；也是香港傳媒業初步完成撥亂反正，迎來重回正軌、重新出發的關鍵時刻發出的。深刻揭示了愛國愛港媒體茁壯發展、基業長青的必由之路，指出了愛國愛港媒體在「一國兩制」下應有的使命擔當。這封賀信，是習近平總書記首次以中共中央總書記、國家主席、中央軍委主席三個身份發來的，首次對進入新時代的愛國愛港傳媒提出希望，充分體現對香港、對香港新聞傳媒事業的關心和重視。這封賀信，既是向《大公報》和所有愛國愛港媒體發出的響亮號召，也是向整個香港社會和全體香港同胞發出的殷切召喚，為香港更好融入國家發展大局，實現長期

繁榮穩定發展指明了前進方向。

　　國務院港澳辦發言人昨日表示，相信香港特區政府和社會各界人士一定能夠深刻領會習近平總書記在賀信中寄寓的諄諄囑託，繼續弘揚愛國傳統，銳意創新發展，踔厲奮發，砥礪前行，在新起點上再創新輝煌。

　　學習領會習近平總書記賀信精神，就要不忘初心，推動香港社會凝聚共識，形成「心往一處想，勁往一處使」的良好局面。

當好社會穩定的維護者

　　習近平總書記高度評價，進入新時代，《大公報》旗幟鮮明發出正面聲音、凝聚社會共識，為維護香港社會穩定作出了貢獻。這啟示我們，香港傳媒應當好社會穩定的維護者。

　　沒有穩定的社會環境，什麼事情也辦不了。前些年的非法「佔中」「旺暴」修例風波，均造成了社會動盪，耗費了大量的社會資源，致使香港錯失了發展經濟、改善民生的時機。如今，香港人心思定、人心思變。彌合社會裂痕，促進社會穩定，是香港傳媒的社會責任。

　　傳媒做好這件事，關鍵是要講清楚「一國兩制」不動搖、不會變與不走樣、不變形之間的辯證關係。「一國」給定力，「兩制」出活力，二者相得益彰。中央從來沒有令「一國兩制」成為「一國一制」的想法；從25年的實踐來看，也沒有「兩制」變「一制」的任何理由。但如果「一國兩制」出現走樣、變形的情況，比如，有人挑戰「一國」底線，危害國家安全，傳播「港獨」主張，煽動顛覆政權機關，就必須依法打擊。無論什麼時候，香港傳媒都應據此立論，凝聚共識。

當好香港與內地交流的聯絡者

習近平總書記高度評價，進入新時代，《大公報》旗幟鮮明發出正面聲音、凝聚社會共識，為增進香港與內地交流作出了貢獻。這啟示我們，香港傳媒應當好增進香港與內地交流的聯絡者。

新聞媒體具有「媒介、聯絡」的屬性，在很多時候發揮橋樑和紐帶的作用。回歸25年間，內地和香港的交往交流日益加深，但也要看到，由於反中亂港勢力的造謠抹黑，香港與內地的隔閡不少，部分市民對中央的誤解、對內地的偏見依然存在。香港傳媒應講好內地故事和香港故事。

傳媒做好這件事，關鍵是要講清楚兩個道理。第一，祖國永遠是香港的堅強後盾。無論是當年的亞洲金融風暴、金融危機，還是抗擊沙士、抗擊第五波新冠疫情，每到危急關頭，中央和內地同胞都不遺餘力地支持香港，這是香港的最大支撐。第二，融入國家大局是香港的最大機遇。香港作為一個細小的經濟體，雖然具有不少優勢，但抗擊風險能力差，經濟結構單一，只有融入國家發展大局，就能獲得廣闊發展空間。

當好人心回歸的促進者

習近平總書記高度評價，進入新時代，《大公報》旗幟鮮明發出正面聲音、凝聚社會共識，為促進人心回歸作出了貢獻。這啟示我們，香港傳媒應當當好人心回歸的促進者。

香港回歸後，標誌着香港納入了國家治理體系，但香港畢竟是經歷150多年殖民統治的地方，人心回歸需要很長的路要走。傳媒具有成風化人、凝心聚力、澄清謬誤、明辨是非的作用，可以透過新聞報道，引導

香港市民增強國家和民族觀念。

傳媒做好這件事，關鍵是要緊扣「情」「理」「法」三個字。一是報道中央關愛支持香港的政策、報道香港與內地合作交流的事件，增進血濃於水的同胞之情；二是透過新聞報道，印證「一國兩制」是最好的政治制度這個道理，增強制度自信；三是透過新聞報道，幫助人們明確法治的「紅線」在哪裏，維護憲法和基本法構成的憲制秩序。

認真學習、深刻領會習近平總書記賀信精神，《大公報》不會忘記「立言為公」的初心，香港傳媒界也應「忘己之為大，無私之謂公」；一切愛國愛港人士，都應以維護國家和香港整體利益為歸依，凝聚社會共識，共同開啟新篇！

（作者是港區全國政協委員，香港新時代發展智庫主席，暨南大學「一國兩制」與基本法研究院副院長、客座教授）

弘揚愛國傳統，文章報國匯聚發展合力

——學習習近平總書記致《大公報》創刊120周年賀信系列評論之二

屠海鳴

中共中央總書記、國家主席、中央軍委主席習近平致《大公報》創刊120周年的賀信，高度讚揚《大公報》秉承「忘己之為大，無私之謂公」的辦報宗旨，立言為公，文章報國，為國家發展發揮了積極作用。總書記賀信飽含對《大公報》全體同仁的親切關懷，寄予《大公報》諄諄囑託，也是向所有愛國愛港媒體發出了「文章報國」的殷切期望，向所有愛國愛港力量發出匯聚民族復興偉力的殷切召喚。

認真學習、深刻領會習近平總書記的賀信精神，就是弘揚愛國傳統，在中華民族偉大復興的旗幟下，匯聚發展合力，推進「一國兩制」行穩致遠。

為民族復興吶喊

習近平總書記希望《大公報》為實現中華民族偉大復興的中國夢書寫更為精彩的時代篇章。這啟示我們，愛國愛港媒體和愛國愛港力量要義無反顧地佔據輿論高地，為民族復興吶喊。

《大公報》見證了中國近代以來各種歷史變遷，從覺醒年代，到救亡圖存；從自力更生，到改革開放；從「富起來」到邁向「強起來」，《大公報》能夠一紙風行，生生不息，最根本的原因，是一代代報人把自己的立足之處，放在了祖國的大地上；讓自己的心與國家民族的脈搏一起跳動；用以天下為己任的襟懷和抱負，時刻關注國家和民族的命運；無論遇到什麼驚濤駭浪，都不懼風險、不畏艱難，為民族復興而奔波

吶喊。

　　當下，世界百年未有之大變局加速演進，中華民族偉大復興勢不可當。但天下並不太平，中國發展的外部環境充滿風險和挑戰，近代以來已習慣於對中國指手畫腳的一些西方國家，很不習慣與中國「平起平坐」，對中國充滿傲慢與偏見。「一國兩制」下的香港是國際化大都市，也是中國與世界聯接的橋樑。在香港，無論是誰主辦的媒體，無論持什麼政治立場，都應匯聚在中華民族偉大復興的旗幟下，真實、客觀、公正的報道香港發生的一切。

　　香港的命運與祖國的命運緊密相連，講好香港故事，就是講好中國故事，就是講好中華民族偉大復興的故事，就是「文章報國」的生動體現。

為人心回歸發聲

　　習近平總書記指出，進入新時代，《大公報》旗幟鮮明發出正面聲音、凝聚社會共識，為維護香港社會穩定、增進香港與內地交流、促進人心回歸作出了貢獻。這啟示我們，愛國愛港媒體和愛國愛港力量要繼續發揮好交流溝通的作用，主動為人心回歸發聲。

　　香港回歸祖國25年間，本地生產總值翻了一番，人均GDP翻了一番，年均經濟增長2.7％，高於世界主要發達經濟體。這些發展成就的背後，是祖國內地的強力支持。統計數據顯示，截至2022年4月，內地企業在港上市達1370家，佔港交所上市企業總數的53.3％；市值37.6萬億港元，佔港股總市值77.7％。這表明，內地為香港鞏固全球金融中心地位提供了強力支撐。回歸至今，外國在港領事機構從88家增加到119家；香港特區護照免簽證或落地簽證的國家和地區由40個增至168個。這表明，回歸後，香港在國際上更

有地位、香港居民受到更多尊重。不僅如此，25年來，在香港遭遇金融、公共衛生、社會治安等風險挑戰時，中央及時出手、全力援助，令香港化險為夷，渡過難關。

然而，由於反中亂港勢力的肆意挑撥和抹黑，香港與內地的隔閡仍然存在，香港市民對內地同胞的偏見仍然存在，部分市民對「兩制」變「一制」的擔心仍然存在。25年前，香港實現了主權回歸，但香港畢竟經歷150多年的殖民統治，人心回歸還需要很長的路要走。

愛國愛港媒體應主動扛起促進人心回歸的責任，透過大量客觀公正的新聞報道，讓香港同胞充分認識到：祖國永遠是香港的堅強後盾，融入國家發展大局是香港的最大機遇，「一國兩制」是最符合香港實際的政治制度。

為「一國兩制」代言

習近平總書記希望《大公報》為「一國兩制」實踐行穩致遠書寫更為精彩的時代篇章。這啟示我們，愛國愛港媒體和愛國愛港力量要繼續向世界講好「一國兩制」在港成功實踐的故事。

「一國兩制」是一項前無古人的偉大創舉。在國家主體部分實行社會主義制度的同時，這個國家的一個地區實行資本主義制度，能不能行得通？會不會「大吃小」？「一國兩制」能走多遠？不少人充滿了疑惑，這是可以理解的。但也有一些別有用心之人，利用香港與內地的「兩制」之別，故意製造衝突、激化矛盾，企圖令香港變成對抗、圍堵中國內地的「橋頭堡」，這是不可容忍的！

所有愛國愛港媒體和愛國愛港力量，都應主動承擔起澄清謬誤、明辨是非的社會責任，向世界講好「一國兩制」的香港故事。「一國兩制

」在香港成功實踐的25年，香港的國際地位提升了，以「中國香港」的身份，香港特區參加了100多個國際組織；香港的發展優勢更明顯了，在國家的支持下，香港在鞏固「老四中心」的同時，正在打造「新四中心」；香港的發展空間更大了，國家「十四五」規劃、粵港澳大灣區建設規劃綱要、「一帶一路」建設均為香港提供了廣闊舞台。這一切，都緣於香港堅守「一國」之本、發揮「兩制」優勢。這些生動的事實，正是「一國兩制」香港故事的最好素材，值得愛國愛港媒體和愛國愛港力量大講特講！

　　「文章千古事，得失寸心知。」當下，香港實現了由亂到治、正步入由治及興的關鍵時期，香港傳媒業初步完成撥亂反正，迎來重回正軌、重新出發的關鍵時刻，必須遵循、貫徹總書記賀信精神，凝聚起與祖國同呼吸、共命運、齊奮進的勁頭，「文章報國」正當其時！

銳意創新發展，勇立潮頭書寫時代華章

——學習習近平總書記致《大公報》創刊120周年賀信系列評論之三

屠海鳴

在《大公報》創刊120周年之際，中共中央總書記、國家主席、中央軍委主席習近平發來賀信，對《大公報》120年來「立言為公，文章報國」的傳統高度讚譽，並希望《大公報》「不忘初心，弘揚愛國傳統，銳意創新發展，不斷擴大傳播力和影響力，為『一國兩制』實踐行穩致遠、為實現中華民族偉大復興的中國夢書寫更為精彩的時代篇章。」

習近平總書記的指示，是從世界百年未有之大變局和中華民族偉大復興全局的宏闊視野，向《大公報》及所有愛國愛港媒體寄予厚望，向廣大愛國愛港力量發出號召，激勵香港同胞踔厲奮發，砥礪前行，在新起點上再創新輝煌。

創新傳播方式

時下，香港即將迎來回歸25周年的大日子，所有愛國愛港媒體和愛國愛港力量，應認真學習領會總書記賀信的深刻內涵，既要看到「一國兩制」前景廣闊，又要看到確保「一國兩制」在港實踐不走樣不變形，還有許多艱苦細緻的工作需要做。銳意創新發展，勇立潮頭書寫時代華章。

習近平總書記希望《大公報》不斷擴大傳播力和影響力。這啟示我們，在信息傳播渠道和方式多樣化的大環境下，愛國愛港媒體必須與時俱進，加快融合發展，把好聲音傳播得更遠，把正能量賦予更多的人。

作為全球金融、貿易、航運中心，被譽為「東方之珠」的香港，歷

來是全球媒體市場競爭最激烈的城市之一。然而,互聯網技術興起後,香港媒體利用新技術改造傳統傳播方式的步子比較緩慢,紙媒仍然保持了較大的市場份額。這固然與香港市民長期養成的讀報習慣有關;「白紙黑字」似乎增加了信息的可靠性,更容易令人接受,但傳統媒體的傳播速度緩慢,是必須正視的現實。

從前些年的非法「佔中」「旺暴」「黑暴」都可以看出,反中亂港勢力利用社交媒體傳播速度快的特點,大量散播虛假新聞,蠱惑年輕人充當「政治燃料」。假新聞漏洞百出,根本經不起推敲,但「謠言跑在了真相的前面」,加之年輕人涉世不深、辨析能力差、容易衝動,最終釀成了大禍。

應該清醒地認識到,創新傳播方式就是搶佔輿論陣地的「制高點」。若不搶先佔據「制高點」,就會處於被動地位。近年來,香港的傳統媒體為適應移動互聯網時代的需求,在改進傳播方式上投資不少、改變很大;但放眼未來,仍有很大的改進空間,還需要時刻緊盯信息技術的發展態勢,未雨綢繆,做好「先人一步」的謀劃,始終掌握好主動權。

創新表達方式

習近平總書記希望《大公報》不斷擴大傳播力和影響力。這啟示我們,在信息海量、價值觀多元、利益訴求多樣的大背景下,愛國愛港媒體必須不斷創新表達方式,提升新聞傳播實效。

回歸25年來,「一國兩制」在港實踐取得了巨大成功,但仍有人對「一國兩制」的深刻內涵理解不透、把握不準,對維護憲法和基本法確立的憲制秩序的態度不鮮明、立場不堅定。這警示我們,加強憲法和基本法的宣傳教育是一項長期的工作,也是愛國愛港媒體和社團的重要責

任和義務。為此，應在以下幾個方面努力：

用生動的事實說話。鮮活的事實最有說服力和感染力。以抗擊第五波疫情為例，中央全力援港抗疫，「香港所求，照單全收」；西方媒體卻污衊中央是為了「控制香港」。第五波疫情有效控制的事實，正是「祖國永遠是香港堅強後盾」的最好註腳。

聚焦經濟民生說話。香港是一個商業城市，「泛政治化」只會令香港誤入歧途。香港媒體應多聚焦經濟民生，引導人們關注香港提升國際競爭力、融入國家發展大局、破解民生難題等話題，香港的地位早已透過基本法確定，不應在已有定論的問題上去尋找「討論空間」。

多讓基層市民說話。去年「十一」期間，香港中聯辦領導走訪基層，一位「劏房」住客近乎哽咽地說：「真沒想到會有人來看我，原來還是有人關心我的。」其情其景，令人辛酸！香港還有20萬人居住在「劏房」和「籠屋」中，還有超過210萬人居住在公屋中。但基層市民在媒體上的聲音並不多，應該給他們更多話語權。

創新議政方式

習近平總書記希望《大公報》不斷擴大傳播力和影響力。這啟示我們，必須以創新思維打造議政平台，凝聚社會共識。關鍵是在「守正創新」上着力。

所謂「守正」，就是守住「一國兩制」之「正」。香港是中華人民共和國的一個特別行政區，直轄於中央人民政府。在港議政，必須堅守「一國」之本，不能漫無邊際，甚至挑戰「一國」原則。香港與內地實行不同的社會制度，社會主義制度符合內地實際，資本主義制度符合香港實際，二者並行不悖。在港議政，不能對內地社會制度說三道四，更

不能毫無根據地造謠生事、肆意抹黑。

所謂「創新」，就是議政渠道多樣化、議政成員多元化。香港如何化解深層次矛盾？必須立足於維護香港整體利益，而不是局部利益；必須着眼於香港長遠發展，而不是為了一時之需。比如，香港現在是全球房價最高的地區之一，若繼續這樣下去，必然傷及香港的競爭力。應該拓寬議政渠道，多一些「跳出香港看香港」的視角。《大公報》開闢了「青評後浪」等政論欄目，進行了有益的嘗試，所有愛國愛港媒體和社團都應在這方面多努力，讓青年參與涉及香港整體利益等重要課題的討論研究。

習近平總書記關於「銳意創新發展」的指示，為愛國愛港媒體和愛國愛港力量指明了方向和重點，激勵我們勇立潮頭，再寫華章，為「一國兩制」行穩致遠發出好聲音、貢獻正能量。

中華人民共和國主席令

第四十九號

《中華人民共和國香港特別行政區維護國家安全法》已由中華人民共和國第十三屆全國人民代表大會常務委員會第二十次會議於2020年6月30日通過，現予公布，自公布之日起施行。

中華人民共和國主席 習近平

2020年6月30日

大公報

Ta Kung Pao

2020年6月30日 星期二

號外

中國 CHINA

全國人大常委會會議
全票通過香港國安法

特首：國安法令生效

香港國安法針對四類罪行

分裂國家罪　　顛覆國家政權罪

恐怖活動罪　　勾結外國或境外勢力危害國家安全罪

中央國家安全委員會

香港維護國安機架構圖

▲2020年6月30日，《大公報》報道香港國安法獲全票通過的《號外》。

▶2021年3月11日，十三屆全國人大四次會議表決通過了關於政府工作報告、「十四五」規劃等十項決議草案和決定草案。其中《全國人民代表大會關於完善香港特別行政區選舉制度的決定（草案）》以2895票贊成、0票反對及1票棄權獲得高票通過。

▲2020年5月22日，十三屆全國人大三次會議在北京開幕，公布建立健全香港特區維護國家安全的法律制度和執行機制的決定（草案），《大公報》立即推出《號外》。

▲香港特別行政區第六任行政長官人選在2022年5月8日順利誕生，新選舉制度下三場選舉圓滿成功。

▲《大公報》銳意創新發展，不斷擴大傳播力和影響力，勇奪多個新聞獎項。

《大公之歌》

喬羽　作詞

一筆在手寫大公，
風雲激蕩百年興，
何謂大公？
忘己為大，
無私謂公。
一筆在手為民眾，
肝膽熱血報國情，
功過誰評？
丹心一片，
歷史常青。
千古風流意氣雄，
萬水千山尋大公，
大公何在？
人間正道，
是大公。

120

我與《大公報》的大公情

雄關如鐵　從頭跨越

曾德成

　　逾半世紀前我第一次走進《大公報》，情景至今歷歷在目。我到編輯部與同事們見面後，部門主管引領我上社長室，費彝民先生笑臉歡迎，嘉言勉勵，還準備了一幅仿毛澤東手書《婁山關》織繡送我。

　　我理解社長的美意。《婁山關》詞裏「雄關漫道真如鐵，而今邁步從頭越」，道出長征壯志。我經歷反英抗暴鬥爭，剛脫離囚禁，來到報館由基本學起。其實費社長是反英抗暴的重要角色；抗暴期間港英高官指報紙誹謗，向他提民事起訴，傳票送到費家。社長不屑一顧，都扔出去了。其實港英是託詞想接觸他打聽局勢，事情終於不了了之。

　　港英對《大公報》的威脅控告已非首次。一九五二年，《大公報》因轉載《人民日報》就「三一事件」譴責港英暴行的短評，受到刑事起訴。當時兼任外長的周恩來總理發聲明說「《大公報》是中國人民的報紙」，促使港英中止了迫令停刊半年的判決，十二天後便獲復刊。

　　中華人民共和國成立前夕，《大公報》負責人胡政之由上海南來，告訴港館幾位領導，報社將明確站到人民立場上，擁護新中國。報社分布在全國的各分館裏面早就有進步力量，同事們心中有數。國共內戰後期，蔣介石節節敗退中，曾經派特務到報社拘捕記者。這既未能挽救國民黨政權免於垮台，也沒能阻止《大公報》向前邁進。

　　報紙是現代社會的產物。近代西風東漸，中國傳統社會受到外來衝擊，《大公報》於晚清創辦，最初在天津法國租界出版，有法文名L'Impartial；創辦人是滿族的英斂之，初心明顯為變革圖強，報紙早期「以敢言有聲於時」。

　　到民國時，軍閥混戰，黨派林立，商賈斂財，民智不高。胡政之、張季鸞、吳鼎昌合作接辦《大公報》，以「不黨、不賣、不私、不盲」為方針。胡、張曾經留學日本，對日本侵華圖謀分析得精闢，一直主張國人團結，抗戰到底。西安事變時，蔣介石被扣，國民政府派飛機到西安上空散發《大公報》，借助當天社評督促解決事件。

　　《大公報》堅持不在日軍侵佔區出版，抗戰八年，報社一再搬遷，由天津、上海，至漢口、重慶、桂林，報社關一間、開一間，屢關屢設，包括1938年開設的香港館，1941年遷往桂林，到抗戰勝利後回港復刊。上世紀60年代我進港館時，前輩同事們來自五湖四海，是戰時在不同地方加入報社，轉到港工作的，普通話成為港館內的通用語言。

　　港版復刊後，持續報道本地和全國信息，迎接新中國成立。費彝民擔任社長，還是一位社會活動家。他廣泛交朋結友，聯繫各方，溝通中外，斡旋兩岸，穿針引線，為新中國效力。周恩來總理多次在北京接見他，交託工作。費社長是香港第一位全國人大常委會委員。

　　鄧公提出1997年收回香港主權後，報社全力投入實現香港順利回歸和平穩過渡的工作。我國政府透過與英方談判，不動干戈，達至和平恢

▲抗戰期間，《大公報》重慶報館遭日軍轟炸7次，損失重大，但仍然堅持出報。

復行使主權。中英談判過程則艱巨曲折，英方極盡糾纏，談了22輪才達成《中英聯合聲明》。然後又有關於政制安排的多輪談判。談判閉門舉行，在會議室外，輿論較量一直十分激烈，談判進度取決於人心向背，談判代表經常把評論剪報帶到談判桌上。《大公報》等愛國報章為香港回歸作出了不可或缺的貢獻。

25年前的七月一日零時，香港回歸祖國。我們早就為當天歷史性的連串活動做出謀劃，編輯部裏遍徵意見，由採訪部署、版面安排到標題取捨，都發動討論，集思廣益。頭版標題選定：「回歸了　開新篇」，是參考抗日戰爭勝利時《大公報》頭條「日本投降矣！」的風格；另有署名盛北星的特寫《餘暉盡矣》，則顯然參考了前輩朱啟平採訪「密蘇里號」艦上日本投降儀式的通訊《落日》。

《大公報》創刊至今120周年，是全球現存歷史最悠久的中文報紙；出版以來，經歷了辛亥革命、國內革命、抗日戰爭、國共內戰、新中國成立和建設發展、改革開放，以至香港回歸等重大里程，《大公報》緊貼歷史進程，在每個階段都作出積極貢獻，成就鐵鑄，不可磨滅。它沒停留在既有成績上，而是從頭作新的跨越。

每一時期的《大公報》都有別於前一階段，從內容、形式，到所採用的工具設施，今天的媒體大不同於晚清天津租界的報紙。《大公報》得以長久傳承，因為能夠與時俱進，不斷革新。悠久的經驗累積，成為後輩珍惜的寶庫；不朽的愛國聲譽，吸引一批又一批有志新聞工作者投身參與。周恩來總理曾對費彝民說，《大公報》一是愛國，二是為國家培養了人才。

1997年前，港英政府有御用的媒體作喉舌。香港回歸後，愛國報紙不再受官方打壓，但是本地傳媒生態在長時間裏沒有根本改變。如今我

國進入了新時代，香港也落實國安法和「愛國者治港」原則，給愛國媒體的發展創造了新條件。雄關如鐵，跨越此正其時。

（作者為第七至第十屆全國人大代表、曾任《大公報》副社長兼總編輯、香港特區政府民政事務局局長）

▲一九九七年七月一日倒數零時的一刻，跑馬地「萬眾同心大匯演」會場萬眾歡呼。

▲正在街頭執勤的警員換上香港特別行政區的警徽和警用標誌。

◀1997年7月1日頭版標題：「回歸了　開新篇」，是參考抗日戰爭勝利時《大公報》頭條「日本投降矣！」的風格。

薪火相傳，生生不息

楊祖坤

時光回到上世紀60年代，那是1959年的香港，有一個青年人，懷着滿腔愛國熱情，叩開了位於上環干諾道中大公報的大門，通過考試獲得取錄，當上一名見習記者。

這個青年人就是我。

從此，我與《大公報》結下畢生不解緣，一直工作近50年，退休後又與《大公報》結下繼續撰寫專欄的緣分，這不僅僅是僱主與僱員的關係，而是我有幸進入養我育我教我引領我成長的大家庭和大學堂，在這裏有來自五湖四海講不同方言的同事，雖然要有少少的磨合階段，但很快地大家的相處竟較同一血脈出生的家人還要親，因為我們是為同一目標而來，就是為了祖國的強大，為了香港同胞的福祉，為了對國家民族有多一點奉獻。

我在香港出生和長大，耳聞目睹在新中國成立後，國家和內地人民是怎樣地關懷愛護香港同胞的，這血濃於水的親情，永遠在我們的血液裏流淌。而這一切，作為歷史記錄者的大公報記者，也就如實地報道在報章上。

我們永遠不會忘記，祖國親人為豐富我們的文娛生活，經常派遣藝術團、劇團、體育代表團來港演出；東江之水越山來為香港同胞解「水荒」問題；源源不絕的糧油副食品供應使我們免受高物價高通脹之累。至於回歸後開始的個人遊、內地企業大舉來港上市，以及在關鍵時刻，中央堅決撐港打贏洋大鱷，保護香港的貨幣和金融體系，更是為人津津樂道，記憶猶新了。

▲香港社會各界一連多日舉行慶回歸活動。

最感動的歷史時刻
是香港回歸那天

　　對我來講，最感動的歷史時刻是香港回歸那天。《大公報》在1997年7月1日先後出版4次「號外」，正版更出紙71張共284版，印數300萬份。《大公報》當天的頭版標題是：「回歸了 開新篇」。我還記得，回歸前夕，老天爺降下傾盆大雨，似乎要我們銘記這就是洗刷民族恥辱的時候了。記住這場雨，記住這場下得很大的雨！

　　還有，回歸後踐行「一國兩制」時，面對西方勢力處心積慮的搞亂，出現了嚴重的「黑暴事件」，就在這關鍵時刻，中央又為我們制訂香港國安法，以及完善香港的選舉制度，使得香港又一次撥亂反正，保持「一國兩制」行穩致遠。新冠疫情肆虐，祖國給香港送來藥物和醫療隊，並以「中國速度」火速建成方艙醫院，凡此種種俱令港人留下深刻印象。

　　上面的歷史事件，《大公報》記者都如實地記錄下來，這是記者肩負的光榮使命，既秉承先輩的辦報理念，又與時俱進，在愛國愛港旗幟下找到了《大公報》前進的方向。

　　今天，欣逢香港回歸25周年的喜慶日子，又是《大公報》創刊120周年紀念，我作為《大公報》一名耕耘者，既感高興也覺汗顏。這些年來，儘管我們本着初心，做了不少新聞記者應做的工作，但同時代要求來講，仍然有很多差距，這有待一批又一批的耕耘者不斷努力，與時俱進，開拓創新了。我要講的是：要記住《大公報》是一張「中國人民的報紙」，這是周恩來總理於上世紀50年代為支持香港《大公報》不讓港英政府「查封」而作出的宣告，這個莊嚴的聲音明確鑄定《大公報》的性質和應堅守的立場。這是大公報人的榮耀和責任。

　　一個人的壽命據說最多可活120歲，但一家報紙的壽命是不會受年齡局限的。《大公報》創刊120周年，仍是風華正茂，如日中天，我作為《大公報》事業的一個參與者，同所有大公報人一樣，將見證《大公報》奮鬥歷程的延續，以及代代相傳的勇毅和決心。《大公報》的事業如同所有愛國愛港的中國人民事業一樣，將薪火相傳，生生不息！

（作者曾任《大公報》總編輯）

▶楊祖坤與《大公報》結下畢生不解緣，一直工作近50年，退休後仍為《大公報》繼續撰寫專欄。

學會「以廣闊的視野思考問題」
——在《大公報》工作二十六年的回報

陳杰文

《大公報》工作二十六年的歷練，給我最大的回報，是學會「以廣闊的視野思考問題」。

我進入《大公報》的第一天，見到的第一位大公報人，是當時的編輯主任兼要聞課主任趙澤隆先生，也就是我一向景仰的「東翻西看集」作者龔念年。我那時已閱讀《大公報》多年，長期拜讀他在「大公園」涉獵廣博的文章，大大擴了眼界。能在他手下——大家稱他趙大哥——做電訊翻譯工作，我喜出望外。

翻譯電訊，要接觸來自世界各地的消息，內容涉及無限領域，不限於政治、經濟，還旁及社會、文化、體育等等，一些「花絮」新聞更是古靈精怪、無奇不有，只有你想不到的、沒有報道不到的——新聞之「新」，此之謂也。

可是看得多，不等於你就見多識廣。

那時，《大公報》小賣部有一些新出版的書籍擺賣。一次在翻看新到圖書時，遇到趙大哥。他跟我閒聊起來，不經意地帶上一句：「要多讀點歷史。」

我正覺得自己什麼都不懂，想惡補又不知從何入手，趙大哥的一句話無疑給我指出了一個方向。

大公國際版有個每周一至六見報、署名施君玉的國際時事評論專欄叫「縱橫談」。專欄不知始於哪一年，只知道第一位主筆是以中英文造詣俱精深知名的前輩報人李宗瀛，後來主要是趙澤隆。這個專欄相當有

分量，曾聞報館一位領導說，當時內地一位主管新聞的要員說，每天都要一讀「縱橫談」。

這當然與專欄的質量有關。其中文章未必真能洞悉世情之萬千變化，但能提供可供思考的視野、背景、角度和新訊息等，對讀者有所啟發。專欄取名「縱橫」，縱是時間，橫是空間。

香港已故學者饒宗頤做學問，十分注重時空關係，曾說：「時間與空間不能分割。一般來講政治文化史只注重時間的演變，忽略空間，這是個缺陷。」「空間是什麼？是東西南北四方，還包括天地，也就是六合。」

「縱橫談」也就是「六合談」。我那時自是每天拜讀，於無聲中得滋潤，獲益匪淺。

《大公報》的前輩報人都有點知識分子傲氣，鮮會主動、手把手教你，但會有意無意地給你三言兩語的點撥。趙大哥給我的點撥，有兩點印象深刻。一是筆下要有「新東西」，我的理解是新材料、新觀點、新角度等等，新聞貴在新；二是不要以為你什麼都知道了而妄下結論，新聞背後有大量不為人知的事情在進行。其中，自有他的個人的經驗和教訓。

我後來有機會在《大公報》寫作，包括「縱橫談」、「寰球特寫」等，都記着這些教誨，盡力掌握原始材料，如蘇東坡言：「博觀而約取，厚積而薄發」。

當年的要聞課分兩大塊，負責國內新聞和國際新聞，報館在有限資源下盡量擴闊自己的新聞來源。在內地有多個辦事處，包括北京、上海、廣州、瀋陽、南京、福州、昆明等，都有能獨當一面的記者採寫獨家文章，堪稱高手如雲。這在香港報紙中不多見。在內地改革開放之初的

時代大潮中，《大公報》各地記者、通訊員撰寫的大量報道，向廣大讀者繪畫出中國改革開放的宏闊圖景，讓世界看到一個嶄新的中國在噴薄而出的雄偉景象。

在海外，《大公報》曾在紐約、倫敦、巴黎、東京有記者或通訊員，都能提供別具特色的通訊。重視國際新聞報道，素來是《大公報》的傳統。早在第二次世界大戰時，《大公報》就以歐洲和太平洋兩個戰場的獨家報道馳名，最有分量的報道來自兩個戰場的隨軍記者：歐洲戰場的蕭乾和太平洋戰場的朱啟平。

我在要聞課工作的一個晚上，接到香港中文大學新聞系一位學生的「問功課」電話，問的是：為什麼《大公報》國際版經常有「特譯」？這在其他報紙看不到，或較罕見。

這的確是當時《大公報》國際版的特色之一，一個整版當中隔三差五就有一個約一千五百字的「特譯」，通常是美、英、日報章雜誌上的特寫（feature）文章。這些文章的新聞時效較低，或是評論，或是分析，但勝在內容深入、獨到。作者除了各報資深記者，還有知名學者、專家，文章質量，超乎各通訊社日常趕時效的新聞稿件。當時報館訂了不少外文報紙、雜誌，翻譯組的同事看到認為適合向讀者推介的，可以翻譯出來供編輯採用。對編輯來說，偌大的一整版，有一篇篇幅較大的文章，也有壓版的美化作用，以免版面太瑣碎。

國際間一些值得注意的觀點、動向，常通過這些「特譯」得到介紹。記憶中，英國歷史學家保羅‧肯尼迪（Paul Kennedy）上世紀八九十年代之交推出他至今具影響力的巨著 The Rise and Fall of the Great Powers（《大國的興衰》），《大公報》就以特譯作了推介。

那時，報館一些前輩報人很鼓勵我們年輕一輩翻譯這些難度較高的

「特譯」。朱啟平從北京重歸港館工作，他以一篇關於日本在美艦「密蘇里號」上簽署降書儀式的全景式特寫聞名中國新聞界，是名記者，對我等小輩來說，有點「高不可攀」。可是有一天，他主動給我說：你每星期翻譯一篇「特譯」，我給你改。

於是一段時間裏，我每星期做一次這樣的「功課」。他從來不給你說，稿件有什麼問題；我在「特譯」見報後，仔細重讀，看看都有哪些改動，就心中了然了。

多年之後，我始終認為，要提高中文水平，翻譯是非常好的鍛煉，它基本上就是文字重組練習，讓你明白怎樣重組才成其為好的中文，而不是歐化的中文。當然，要有一個好師傅、好編輯。我見過有編輯「眼前直下三千字」、一個標點也不改。不是記者的文字好到能一字不易，而是編輯太不負責任，也可能是太無能。

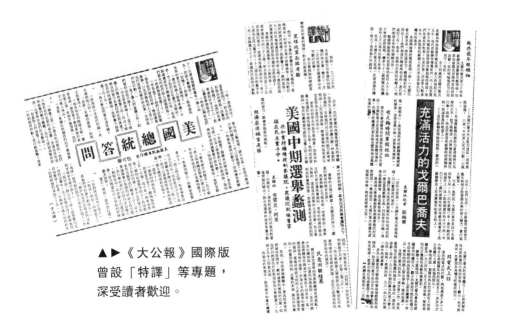

▲▶《大公報》國際版曾設「特譯」等專題，深受讀者歡迎。

　　我在《大公報》的二十六年，是不斷汲取、學習的二十六年，即使後來被調離編輯部亦一樣。只要你一個心眼地要把事情做好，你可以從任何工作中學到什麼而有所進益。

　　二○○二年，我在完成報館交託給我的慶祝《大公報》成立一百周年工作後，離開報館，到了香港特區政府新聞處工作。面試中，我對面試官以「學會了以廣闊的視野思考問題」總結自己在《大公報》的工作經驗。這句話其實是英國已故中國科技史專家李約瑟說的，而這又是李約瑟讀中學時校長對他的教誨；對我，則是實實在在的體驗。

　　退休多年，我仍靠着從《大公報》培養的這一習慣觀察世界。

（作者曾任《大公報》副總編輯）

▲陳杰文的書法在香港很受歡迎，「香港中央圖書館」門口七個大字便出自他的手筆。圖為他題寫的聯句「傲骨虛懷真識量，熱腸冷眼大慈悲」。

▲陳杰文在大公報題寫的「奧運金牌精英顯風采」被用於奧運健兒訪港橫幅和門票上。

「超級聯繫人」《大公報》

葉中敏

　　《大公報》今年一百二十歲了。人們祝賀報慶，喜用「一紙風行」之語；歷經一百二十個春秋的《大公報》，當然稱得上「一紙風行」，然而，套用一句廣東俗話，一百二十歲的《大公報》，又豈止一紙風行「咁簡單」！

　　一百二十年的《大公報》，是一份出色的、有質量的、受歡迎的「新聞紙」；但在出報紙、辦好報的同時，大公報更在政治影響、文化傳承、社會進步、團結各界等方面做了大量無可替代的工作，發揮了極其重要的促進作用，名副其實是人民報紙、社會公器。可以說，一百二十年的《大公報》，於新聞工作上的成就是有目共睹的，而作為一張報紙卻可以在新聞工作之外做了那麼多的工作、作出了那麼重大的貢獻，《大公報》是獨一無二、無出其右的。

　　眾所周知，回歸之前，在一百五十年的英國殖民管治下，愛國進步力量是受到排擠和打壓的，《大公報》當然也不例外，一直在不公平和不合理的環境下堅持出版，而到了上世紀六七十年代，愛國力量更被逼進了一個空前孤立的困難境地，如何衝破阻力、重建人心、打開局面，成了整個愛國陣營共同面對的迫切課題：新華社邀約人們不敢來，廣州交易會的請柬也發不出去⋯⋯這時，《大公報》這一「公器」的特殊作用來了，一九七二年，適逢《大公報》創刊七十周年，有關方面決定由《大公報》出面舉辦一個報慶酒會，廣發「武林帖」，遍請各方各面、各行各業的知名人士、頭面人物出席，試試「水溫」，看看有多少人士應邀出席，對當時的政治形勢和人心所向就可以得知一個大概了。

　　結果，這一「水溫」是試得成功、試出效果來了，由於《大公報》多年以來一直堅持宣傳國家建設成就，弘揚民族文化，關心市民生活，而且編採報道文章有質量、有水平，再加上以費彝民社長為首的報社負責人一貫待人以誠、作風正派，在社會上早已建立了良好的聲譽和人脈關係，所以別的「左派」活動不敢來或不想來，《大公報》報慶酒會卻是要參加和支持一下的，因此，當日酒會會場所在的北角新都城酒樓，說得上車水馬龍、冠蓋雲集，大批社會名流、紳商鉅子、文教藝術精英都「撥冗光臨」了，當時的北角警署還以為發生了什麼大事，急忙派人到場維持秩序、疏導交通，而酒會場內就更是一片喜慶歡樂，新舊朋友濟濟一堂，歡聲笑語，並無半點隔閡。就這樣，「一石激起千重浪」，「左派」被孤立多時的困局打開了，各方來往也逐漸多起來了。而此「一呼百應」的作用，捨《大公報》其誰？

　　說起來，個人當日還有一個「小插曲」。當日筆者被安排陪同費彝民社長在入口處迎賓，酒會三時半開始，三時未到，就有一位西裝筆挺、結紅色「煲呔」的年輕男士進場，費社長感到眼生，低聲問是誰？筆者一看也不熟，就自以為是地對社長說不用理會。不料該人急步來到社長面前，伸手相握並彎腰鞠躬，說道：「費伯伯你好，我是東亞銀行李國寶，家父李福樹，祝《大公報》大展鴻圖，一日千里。」好個費社長，這時立刻施展其「過目不忘」的看家本領，一口氣數出李福樹、李福和、李福述昆仲的名字，連聲誇讚什麼「將門之子」、「年少有為」，總算把尷尬場面打發過去。而這之後，其後《大公報》有什麼活動或需要廣告刊登，東亞銀行總是熱心支持的。

　　而除了報慶酒會一類活動外，《大公報》當年在協助內地各部門開展在港工作方面，亦是扮演了舉足輕重的角色，很好地發揮了「中間人

」和「推介者」的作用。眼前，西九文化區香港故宮文化博物館開幕在即，而遠在上世紀七十年代，內地「中國出土文物展覽」首次在港舉行，當時亦無會展、西九等大型展出場地，展覽在尖沙咀星光行的中國出口商品陳列室舉行，展品有「金縷玉衣」、「馬踏飛燕」等，「港督」麥理浩到場參觀，「港姐」朱玲玲等剪綵，而聯絡歷史考古文化學術界人士的工作就落到了《大公報》身上。而《大公報》除費社長「長袖善舞」、博學多才外，副社長兼總編輯李俠文、副總編輯陳凡等多位老總以及編輯，均是飽學之士，精通文史翰墨，遂主辦了多場新中國考古文物新發現的座談會和講座，邀請港大、中大教授、學者參加，率團來港的國家文化部文物局局長王冶秋、在山東大汶口出土青銅器上考證中國最早文字的專家唐蘭，以及故宮博物院陶瓷專家馮先銘等，與本港文史考古同行深入交流，其後並邀請他們訪問北京及湖南長沙「馬王堆」等考古遺址，建立了良好的學術交流關係。

　　由於費彝民社長是位戲曲愛好者及京劇票友，多年來內地訪港的京劇團、越劇團、潮劇團、粵劇團，無不得到《大公報》的熱情歡迎和深

▶葉中敏（右）在《大公報》120周年報慶酒會上與時任大公文匯傳媒集團副董事長、總編輯李大宏（左）合照

入報道，一次是京崑大師俞振飛率上海京崑劇團訪港，並親自登台演出《販馬記之寫狀》及名劇《太白醉寫》，費社長聯繫本港滬籍名人名票全力支持，「船王」之一的「華光」趙從衍、「邵氏」老闆邵逸夫及紡織鉅子陸菊笙、吳中一，四人聯袂接待，包下利園酒店數層房間，「邵老六」的「六號」勞斯萊斯專車門前隨時候用，並包下全部貴價門票分贈親朋友好和業界人士，堪稱盛況空前。

　　一百二十歲的《大公報》，除繼續辦好報之外，未來在廣泛聯繫社會各界、擔當文化學術「超級聯繫人」等方面，也必將承前啟後，發揮更大的作用。

（作者曾任《大公報》副總編輯、主筆）

◀▼葉中敏對新聞界貢獻良多，尤其在培育後進方面，不遺餘力。2008年授勳名單中，獲頒授銅紫荊星章。

在《大公報》「織」網

王　偉

二〇〇四年四月六日，我踏進了灣仔軒尼詩道三四二號的大公報館大門。那一刻，我有些興奮，一則因為自己在暌違多年之後，又能重返鍾愛的報紙工作崗位；二則慶幸自己再度投入一家名報的懷抱，得以親炙前輩的遺澤。

不曾想，報社安排我主持大公網編務。

當時的大公網，主要的內容，就是把報紙搬到網上，再根據中文通訊社的消息，滾動編發幾十條即時新聞。開張雖已有些年份，但人員不過十人，其中能上手做內容的還不到七八條槍，大部分人又在深圳上班，多是新招的大學畢業生。而一向以傳統報紙為正統的我，對網絡新聞還有點排斥。報社的調遣，讓我感到理想與現實的距離。

我在國華大廈十四樓那間逼仄的辦公室，見到了先我一年來港，當報社副總經理兼大公網總裁的烏寶貴。烏總以北方人特有的熱情，歡迎我的到來。因為前任大公網總編輯陳杰文（有報社才子之稱，寫得一手好字，香港「中央圖書館」那幾個字，就是他題寫的）到特區政府高就，烏總一肩挑行政與編務兩擔，每天也直接動手整理頁面、編發新聞，幹得不亦樂乎。他向我介紹大公網的詳情，談報社對網站發展的厚望，談我們擁有的優勢。我得知，一個小小的大公網，正以網絡無遠弗屆的能量，擴展着大公報在全球的天地，特別是立足香港、面向全球而又能無障礙地快捷進入內地的優勢，使它在報道新聞、傳播觀點、影響輿論和延續百年大公文脈等方面，發揮特殊的作用。

我感受到了正待擴張的大公網，在報社傳承和發展中的地位，領略

到了自己的用武之地。很快,我就和性情耿介、學電子工程卻又雅好文學、有較深古詩文底子的烏寶貴一起,全身心投入到大公網的壯大發展之中。

我做過多年的報紙版面編輯,編稿、改稿、做標題,已經成了我的愛好,即便承擔組織指揮的工作,仍喜歡親力親為,以直接動手幹活為樂事。於是攬下了整理首頁新聞的任務。每天一早起來,就坐在電腦前,一通忙乎,從已經上傳的當天報紙新聞中擇選重要的、吸引人的,重新製作一行精要概括的標題,編好言簡意賅而又能引發閱讀興趣的提要,再從頁面整體美觀、重點突出的角度,做一番審視和調整。沒過多久,我和烏總就把這些有專業追求的編輯手法,變成一套操作規範,使全體編輯人員掌握。

滾動新聞　初具雛形

那時,大公網的小,表現在它的主體仍是報紙內容的網絡版,自編即時新聞數量很少,而且每天有效發布時間只有不到十小時,下午五時下班以後,若無重大事件,一般就沒有即時發布了。顯然,這還不能符合網絡新聞的要求。我和烏總商量,首先要延長即時新聞的發布時間。我們在深圳增招了兩名小編,以應輪值之需。隨即,將即時發布的時間延長至晚七點,很快又延長到晚十點。至於夜半到凌晨的這段空窗期,就常常由我和烏總,不分業中業餘,遇有重要消息,在家裏就選編稿件上傳,由此,使得網站具備了滾動發布新聞的基本樣貌。

我也在想,有容乃大,大公網要由小變大,內容需要突破報紙和通訊社電訊稿的範圍。而且,也要用好核心部分在香港,能夠縱覽中外各路新聞的獨特優勢,加力吸引渴望了解多元新聞的內地受眾(當時大公

網的點擊率，超過半數來自內地）。因此，大公網編發新聞的視界從電訊稿擴展到方方面面，特別是有萬眾矚目的重大事件和突發事件時，看電視直播、請內地駐站記者報料、直接電話採訪等等，各種手段都用上，想方設法編發滾動、即時新聞。

那些年，網絡移動傳播尚在孕育中，我們仍能找到大有作為的機會。比如台灣地區選舉，國民黨、民進黨的勝負，大陸人民也特別關心。我們看着電視直播，一個白天滾動編發二十多條消息，及時報道得票情況，膠着或者拉開差距，等等。比如馬尼拉人質事件，我們也是從電視直播中，頻頻編發事態演進的消息。在準備充分時，這些報道已接近於文字直播。我們也從親歷者的角度，努力編發一些即時新聞。韓國農民趁國際會議舉行之際到香港抗議，夜晚在報社門前的軒尼詩道上擊鼓進軍，我在樓上憑窗俯瞰，馬上編發一條滾動新聞。未幾，一位同事從會展中心警察驅散示威韓農現場歸來，講述親嘗催淚彈的經歷，我轉手就敲出幾行文字發在網上新聞裏。

在網站規模小、人員少，技術支撐條件較差的情況，我們在盡力擴大即時發布的基礎上，居然還做成了一次大型活動的多場文字直播。那是二○○六年初夏，首屆世界佛教論壇在杭州、舟山舉行。《大公報》是論壇的全程宣傳支持單位，對大公網則提出做直播的要求。我們勉為其難受領任務，在毫無經驗和參照的情況下，自編了直播程序，幾經調試基本可用。我帶着兩名並無採訪經歷、主要負責攝影攝像和傳輸的員工赴杭州，一落地就投入工作，既即時發布各種圖文報道，又事先準備好文字直播的各種資料，在論壇開幕式、閉幕式現場根據進程精準上傳相應文字內容、配發現場圖片，經後方烏總等的有力保障，順利完成了報道和直播任務。我們報道和直播水平，甚至超過了有裝備和技術支撐

，並且組成二十多人專業團隊到現場的其他網站。

我們努力突破各種條件的限制，運用網絡傳播優勢報道新聞的努力，受到了同行的關注和受眾的歡迎。《大公報》社長到訪內地，聽人們說：現在我們看境外新聞，除了鳳凰網，就是大公網了。我們借着百年大公的名聲，靠着精編新聞、快捷發布，讓大公網聲譽漸起。我至今還依稀記得一連串年終統計數據：二〇〇四年，大公網日均點擊率（當時我們很少統計頁面瀏覽量）為二百七十七萬，二〇〇五年為三百六十萬，二〇〇六年為六百萬，二〇〇七年則達一千萬，二〇〇八年約一千三百萬，之後又攀升到一千八百萬。

創設頻道　增加黏性

在努力做強新聞的同時，大公網還創設了多個頻道，以增強吸引力和黏性。比如，我們覺得大公報的百年積澱，是一座豐富的寶庫。正好那時百年間的報紙版面全部掃描入庫實現電子化，又有一百一十周年報慶的系列電視片等資料，我們就以此為基礎，開設了「百年大公」頻道。我們還與深圳的科技公司合作，引進一項基於爬蟲技術的搜索程序，可供用戶在網上下載，通過設定關鍵詞，及時獲得與己相關或自己最關心的新聞推送，因此豐富網站的服務功能。

我常常帶着一絲欣慰回想：那些年大公網的追求，是適應互聯網時代新聞傳播的潮流的，也可以說，體現着《大公報》永不停歇的發展步伐。當然，我們也曾遭遇一些波折，這多少也是因為我們的追求超出了實際的可能。二〇〇六年九月初，大公網及時編發了多條上海社保案的新聞，其來源基本上是內地公開報道的，但經過我們的精心組合，可讀性倍增。結果，網站連續三天在早上被點爆，因為報社服務器的帶寬太

小，承受不住讀者蜂擁而至。

後來，我因工作調整，也漸漸淡出網站的工作了。

二〇一八年十一月二日，已返回上海近六年的我，出差香港，有幸重返報社。我走進了田灣的大公文匯集團大樓，看到了擁有整個層面，氣派、現代，設備齊全、工位眾多的全媒體中心，也看到了多位轉崗辦網的《大公報》老同事。我的那份激動，很有些特別。我在微信中說：想着自己也曾做過大公的網站，算是新媒體的「先驅」，當年獲得的東西，大概總有些積澱在其中吧！

（作者曾任《大公報》副總編輯兼大公網總編輯）

（文中小題為編者所加）

▲▶中國新聞社與中國傳媒大學新聞學院於 2018 年 4 月發布的「新媒體影響力總榜」中，《大公報》位列第八名，為香港地區之首，《文匯報》列第十九位在港媒之中亦高居第五名。圖為 2022 年 11 月 3 日的「大公文匯官網」和「文匯網」。

名記者朱啟平二三事

焦惠標

　　八月十五日，是日本投降日。雖事隔七十七年，中國人還是不會忘記這個日子。前數天，看到有關文章談論《大公報》當年的標題，以及名記者朱啟平和他的名作《落日》，不禁浮想聯翩，思潮起伏。

　　日本侵華後，《大公報》一直堅持抗戰，不惜顛沛流離，六易其址，決不在日軍鐵蹄下辦報，終於迎來了日本投降，欣喜之情，可以想見。老同事對我們說，由於《大公報》的標題每有神來之筆，聲名遠播。這則日本投降大新聞，《大公報》標題如何落墨，其他行家很想提前知道，參考也好，取經也好，希望從中得到啟發。

　　當時是鉛字印刷，鉛字是一粒一粒鑄造，不是現在電腦操作那樣方便。《大公報》的主題決定「日本投降矣！」五個字後，但要超大處理，而自己報館的鑄字房鑄造不了，要拿到外面的鑄字工場鑄造。得悉這個消息後，其他報紙馬上去打聽《大公報》的標題內容。當他們得知是五個大字「日本投降矣！」「日本投降」好理解，多了一個「矣」字和「！」感嘆號，就不好說了。有行家甚至懷疑《大公報》是不是多鑄了字。翌日，當大家看到《大公報》的標題時才恍然大悟。

　　「日本投降矣！」，老同事說，這標題的精髓正是「矣」字和「！」感嘆號，它給讀者留下很多想像的空間。

　　七十七年前，日本投降是歷史性大新聞，而二十五年前，香港回歸祖國也具有劃時代意義。如何處理好回歸新聞，確需要下一番心思。當時的總編輯曾德成鼓勵大家出主意，集思廣益，把這個頭條標題標好。很慶幸，我提出的標題「回歸了　開新篇」被選中。「回歸」這兩個字

是少不了，關鍵是「了」字，它飽含我們多年對回歸祖國的熱切期盼，今天終於實現了。

　　標題有了，版面如何編排？大家估計得到，回歸典禮的照片是必然重點。如果按傳統一個版的編排，這張照片最大也只不過是佔半個版位置，缺乏氣勢，就非得打破框框不可。我提出，不如把一版的格局打破，來個跨版，兩個版合成一個版編排，上面是標題「回歸了　開新篇」六個大字，中間就只放一張回歸典禮大照片，佔去差不多整個版的篇幅，把典禮場面的氣勢突顯出來。下面不放什麼新聞，只放今天版面導引。這個方案獲得曾老總贊同，就是現在大家見到的回歸版面。整個版面設計是破格之作，不敢說很好，但可以肯定的說，回歸典禮照片最大的是《大公報》。

　　今年在《大公報》創刊一百二十周年圖片展上，展出日本投降和香港回歸版面，我站在兩個版面前，思索良久，不期然想起老同事的一句話：「重視標題和版面編排一直以來是《大公報》的優良傳統。」

　　談日本投降的報道，必然離不開《大公報》名記者朱啟平。他作為《大公報》特派記者在美國「密蘇里號」戰艦上現場採訪日本簽字投降，寫下《落日》一文，傳誦一時，有說這篇文章被列入大學新聞系的課本。我初入報館時，就聽老同事介紹他，只知道他於解放後不久就離開報館，返回內地，參加建設，一去多年，沒有音訊。

　　直至一九七八年某一天下午，領導帶着一位長者來到編輯部，向我們介紹，他就是朱啟平，那時我才第一次見到這位神交已久的《大公報》名記者。他當時擔任的職位是副編輯主任。由於離開香港多年，可能對情況不大熟識，他的具體工作，除一天代筆寫《縱橫談》，其餘時間就是審核和修改同事的譯稿。那時，我們很認真，每天回報館首先看看

朱先生改了什麼，從中汲取教益。其後，我們發現，把「review」譯成「檢討」，但到朱先生手後，一定改為「研究」。我們對此修改有點摸不着頭腦。

時間長了，我們與朱先生交談也多了。記得有一次不知是茶敘，還是開會，忘記是哪位翻譯同事那麼大膽向朱先生提出，為什麼把「review」改成「研究」，而不是「檢討」呢？我到現在還記得當時朱先生的神情，他略一思索，反問我們一句，「你們知道，在文革時期，『檢討』意味什麼嗎？」我們答不上來。他繼續說，「那意味是跪玻璃。」

我們聽後，當時氣氛驟降到冰點，鴉雀無聲，打後誰也沒有人再提這個問題了。朱先生有沒有跪過玻璃，我不敢想像，但可以肯定的是他看過別人跪玻璃，或者這人就是他的親朋戚友，以至見到這兩字就勾起他的慘痛回憶。

過了兩三年，朱先生獲派隨國家代表團訪問歐洲四國，寫了不少精彩的報道。回港後，報館召開了一個大會，由朱先生介紹他此行的見聞和體會。他的講話，事隔多年，有些已經淡忘了，但是有幾句話，至今還留在腦海。朱先生說，我們當特派記者在外採訪，孤身一人，消息來源，雜亂紛陳，如何落筆？「首先，我們應該想到的是，我們是中國人、中國記者，那就要站在中國的角度寫文章。這是最重要的。」

錚錚之言，如雷貫耳。朱先生幾經磨難，飽嘗艱辛，但並沒有磨滅他是中國記者的初心，從《落日》到幾十年後歐洲之行的採訪，始終如一，令人肅然起敬。朱先生一九九三年在美國辭世，聽說他葬在三藩市的墓碑是面向太平洋，遙遙望着祖國。

（作者曾任《大公報》助理總編輯兼港聞課主任）

▶1945年9月2日，朱啟平作為《大公報》駐太平洋戰區隨軍記者，在「密蘇里號」戰艦上，目睹了中國和其他反法西斯盟國接受日本投降儀式的全過程。他當即寫下長篇通訊《落日》並發表，反響強烈，這是報道第二次世界大戰日本投降儀式通訊類作品的「狀元之作」。

▼圖為日本代表抵達「密蘇里號」上的情景

▲1945年9月2日9時，日本投降儀式在停泊在東京灣的美國戰列艦「密蘇里」號上舉行，日本外相重光葵和參謀總長梅津美治郎在投降書上簽字。

難忘「顧大使」

焦惠標

今年，《大公報》迎來了120歲「生日」，可喜可賀！

我於1965年18歲時加入《大公報》，屈指算來，已是半個世紀以前的事了。我那時是到灣仔軒尼詩道大公報舊大樓上班的。這座大樓在那時是灣仔天樂里附近一帶最高建築物。我們走上天台，就可以看到維港上的渡輪。

前些日子，我重返這座大樓3樓，參觀「藝術香港」主辦的一個展覽。3樓正是《大公報》當時的編輯部，我們在這裏不知熬過多少個夜晚。雖然現在面目全非，環境改變了，但是，我還可約略找到我們寫字枱原來的位置，找回片片回憶。

我那時是在要聞課。編輯部的架構較為簡單，要聞是負責中國和國際新聞，港聞是本地新聞，其次是財經、副刊、校對和資料室，就是這麼多。

記憶所及，《大公報》要聞課跟其他報紙最大不同之處，或者說，在香港只有《大公報》才有的，獨一無二，就是除了日常的版面工作，每位同事要負責研究一個題目。那時的編輯主任兼要聞課主任趙澤隆先生精通日文，順理成章研究日本問題。所以，《大公報》有關日本問題的評論，很有見地，受到同行的推崇。

至於台灣問題，則是副編輯主任顧建平先生的專長。他除了日常的工作，還主編每周一期的《台灣內外》周刊。顧先生，大家昵稱他「顧大使」，是一位非常和藹可親的前輩。我有什麼不懂向他請教，他總是十分認真詳細解答，有時還給我找來《康熙字典》翻閱，指出這個字、

這個詞的來龍去脈，讓我受益不淺。這些教誨雖然事隔這麼多年，我還是記憶猶新。近日多雨，不期然想起杜甫的名詩：「好雨知時節，當春乃發生。隨風潛入夜，潤物細無聲。」

顧先生是台灣問題專家，所以經常登門請教他的人多的是。我記得，有一位新華社香港分社的朋友來得最多最頻密，差不多三頭兩日就上來。很準時，我們九時上班，他九時半左右就到，一坐就是兩、三個小時。大家都各自埋頭幹活，有時倒沒有留意他。

只是，如果碰巧趙澤隆主任例假，顧先生要頂替他的工作，就有點麻煩了。因為，談得興起，顧先生忘記旁邊有一大堆大樣壓在那裏。記得，有好幾回，字房領班見大樣還不發下來，怕拖延開機印刷，就跑上

▲1970年《大公報》要聞課同事郊遊時攝。前排右起第二人是是顧建平先生。其他人，前排左起：梁超成(編輯)、黃開福(廖公誠夫人，新晚報編輯)、常婷婷(翻譯)、何巧生(要聞課副主任)、焦惠標(本文作者，時任助理編輯)、李立睿(翻譯)、鄺寶文(王津夫人，新晚報記者)、顧建平、李流丹(美術編輯，著名畫家)。後排：曹驥雲(編輯)、王津(編輯)、趙澤隆(編輯主任兼要聞課主任)、廖公誠(東南亞問題專家)。

來看看，於是向我打個眼色。我只好走過去，有禮貌地打斷他們的談話，請顧先生先把副刊等版大樣簽發下去。

顧先生1982年辭世後，就沒有再見這位新華社朋友到我們編輯部來了。到2000年，新華社香港分社「分家」，中聯辦掛牌成立。我赫然發現在中聯辦領導名單中有這位新華社朋友。我想，如果我晚上做夢，見到顧先生，我會告訴他，那時經常找你的那位新華社朋友，做了高官。

對於台灣問題，我當時年少無知，待日後走上台灣採訪之路，才領會到這是個大問題，牽動兩岸中國人民的心，關係世界政治格局的變化。有120年歷史的《大公報》，曾歡呼抗戰勝利，迎來新中國成立，見證香港回歸祖國。我想，也必然會看到祖國統一，到那時，我會告訴顧先生，他傾注心力的台灣問題，終於畫上一個完美的句號。

◀1965年，筆者18歲加入《大公報》，在位於灣仔軒尼詩道的大公報舊大樓上班，當時該大樓是天樂里一帶最高建築物。

在副刊部的日子

郭　震

2012年5月，報社調動了我的工作崗位，從三樓的要聞調到二樓負責副刊，從全日不間斷密切關注時局變化，應對種種突發新聞，經常急如星火地向各地發出採訪指令，以及片刻間就要提出採寫角度，稿件修改整合意見的崗位，一下轉入靜悄悄的副刊部，這就像一部疾速行馳的汽車，猛的停了下來，駕駛者第一反應就是什麼情況？下一步做什麼？

副刊傳統上叫「報屁股」，打一個不恰當的比方，如果要聞是「熱灶」，副刊就是「冷灶」，我們辦事處主任出身的人都擅長冷灶熱燒，否則辦事處啥事也做不成，因此我不懼燒冷灶。事實上所謂冷灶也只是要聞與副刊工作節奏上的比較，至於其熱度副刊並不低，至少不冷，因為《大公報》副刊由來已久，是許多中國文化人與歷任副刊人，歷經百年共同打造出來的。《大公報》副刊的文章質量之高，投稿者文壇「段位」之顯著，大多數報紙很難望其項背。

百年副刊　推出嶄新版面

時任副刊主任關衛寧小姐個子不高，穿着保守，不苟言笑，微陷的眼窩裏，一雙眼睛總帶有點疑問，讓人一見就是那種常年埋首在稿件堆裏的資深報刊編輯形象。之前跟關小姐沒有共事過，我剛到副刊就遇到一個有來頭的作者，但稿子卻不堪用，幾次來回，我請關小姐寫個意見，拿來一看，彈讚皆恰如其分，批評均邏輯嚴密，文字很是了得！非常佩服。那位作者自然心悅誠服。

初到副刊，我跟關小姐常聊的共同話題是副刊百年了，變化不大，

應當因應時代演進，有所推陳出新。關衛寧的意見是副刊的大公園和小公園，是《大公報》的歷史遺產，這部分不應做大刀闊斧的改革，應當保持原有風格和內容，在此基礎上拓展題材和作者，以吸引更多不同年齡、不同文化層次、不同文字趣味的讀者。對此意見我完全同意，這是有所改變，那麼如何出新呢？我們的一致意見是對大小公園以外的，沒有歷史傳承的版面放手出新。經過幾個月的策劃討論，副刊面向當下時代特徵、讀者興趣和關注點，決定推出書海漫遊、汲寶齋、品味生活、音樂鑒賞，以及電影、戲劇、體壇人物等一系列周刊。

擔任這些版面主編的大多數是香港各大學畢業入職才一兩年，甚至半年的學生，這擔子對誰都不輕鬆。但通過幾年在實操中學習提高，大家都成長得很快。

讀中文的屠薇如一入職就得到了《書海漫遊》的差使，兩眼一抹黑，不知如何下手，我們建議她自己寫書評和約稿兩條腿走路，我記得當時隨手從書架上抽了幾本可能暢銷的書給她，很武斷的對她說，「這就是當下人的讀書口味，你就按這個選題」，事實上究竟是不是其實我也並非有什麼把握，但幹事情要先解決有沒有的問題，然後才談得上改進提升以至完善。屠小姐天資聰穎很快拿出了版面，居然當月就拿了月度評比一等獎。這給了她巨大的信心，但她畢竟是被趕鴨子上架的新人，承受了巨大的壓力，我退休後她對我說，「那時我們去你辦公室談下周選題或送版面，都要先聚在水房裏，大家互相安慰打氣，水房桌子上都給我們摳出幾條縫來！」這裏面顯然有誇張的成分，但壓力大緊張是肯定的。

其實我也知道他們的壓力大，為了稍作緩解，我搞了個「麥當勞之夜」，每周五請小朋友們到對面七姊妹道麥當勞邊吃邊聊聊，因為大家

都還身兼採訪工作，人從來也沒湊齊過，也沒能堅持每周五都進行，反正也就是個意思了。

《汲寶齋》這個周刊也十分難弄，當時正是收藏熱，推出這個周刊是有針對性的，拿到這活的成野小姐從來沒接觸過收藏，立即進入愁雲慘淡狀態，因幾度難產，找她來討論如何弄時，她幾乎要以頭搶地了。我記得2013年2月底我出發去北京參加兩會報道，臨走時跟她說，不能再拖了，我希望從北京回來時能看到版面。當時成野兩眼絕望地看着我，片刻又捏緊拳頭說「好好，一定！」到北京沒幾天收到成野一份電郵，意思是終於找到思路了，最後一句話我還清晰的記得「不管有多困難，我成野永遠是戰士！」幾年後成野去了中國最大的拍賣公司之一，至今一直參與古代字畫的徵集、宣傳和拍賣。《汲寶齋》的苦沒有白吃。

鋼琴才女　主持音樂周刊

李夢是個十分優秀的才女，不知怎麼搞的，她到報社先去的那個部門沒「看上」她，這才到了副刊。我看她的簡歷有「鋼琴十級」的紀錄，我想我們要找的音樂周刊的主編就是她了，香港是全世界最優質的音樂演出目的地之一，頂級演出一年有許多場，以往都是發個演出消息就完了，對不感興趣的人來說，這種消息發了也是白發，感興趣的人讀了又十分不過癮，李夢的任務就是專攻藝術和音樂評論，我對她說別管多難都要做，不是說《大公報》是世界性華文大報嗎，世界上的大報都有藝術和音樂評論，那我們也要有。以李夢的資質和從不畏難的精神，版面很快就出來了，並且在行業內有了一定的影響和地位，於是各種演出商的邀請都來了，她也有了出國旅行的機會。《大公報》鍛造了新人，現在李夢已是香港有一定名氣和作為的策展人了。

　　《品味生活》是時尚類周刊，一般的做做不是難事，商品加大尺度模特照片，怎麼樣的版面都立得起來，但要做出特色，特別是做出文化品味就又要動腦筋了，有一次版面主編周怡做了一期香水，初版就香水談香水，平淡如水，令人毫無閱讀興趣，彼時夢工廠出品的電影《香水》正好大熱，我提議周怡考慮一下這個電影的元素有無可用之處，副刊的才女們都是一點就透的人，我話未落音周怡已有思路了，那期時尚周刊做得十分精彩，有故事，有趣味又有時尚香水推介的恰當融入，至今仍有很深印象。還有一次時尚版介紹當季的風衣，我審稿時一看都是英倫風格的風衣，但卻只談品牌，沒有風格來歷的文化和歷史的溯源，於是周怡找了很多資料從頭來過，最後定版仍然以風衣為載體，但卻將英倫風範，即所謂「英國範兒」、「英範兒」做了一次源流考，讓人讀起來興味盎然，增長了見識。後來周怡考到了珠寶鑒定師的證書，就此進入時尚行業，聽說她甚至有了自己的時尚珠寶飾品店。

　　我在副刊三年多，除了業務上的一些調整改進以外，還經歷了許多有意義和有趣的事情，限於對文字數量的要求，就沒法展開說了。總的體會是《大公報》向來人才濟濟，聰穎的也好，貌似平庸的也好，進了這扇大門，只要個人努力，先來者點化都能成才，以上列舉的那些小朋友莫不如此。

（作者曾任《大公報》助理總編輯，分管副刊）

江山留勝跡，我輩復登臨

孫　志

　　和煦暖風，萬物並秀。《大公報》創刊120周年華誕適逢香港回歸祖國25周年。新聞學泰斗方漢奇先生稱《大公報》是「中國新聞界含金量最高的世界級品牌」，而我與《大公報》結緣的年份，正值香港回歸之年。

　　1997年，作為實習記者，我先是親歷一批老報人在京歡聚，為《大公報》95歲慶生，呂德潤、譚文瑞、高集、高汾等前輩悉數到場，家國情懷、同人之誼感慨萬千。十多天後，在天安門廣場東側矗立的香港回歸倒計時牌前，迎回歸人潮沸騰，至今我仍記得齊聲倒數讀秒的就有我青春面龐的同學們，他們表達了中國人祝福祖國、祝福香港的美好心願。

　　何其有幸，一名剛踏入新聞門檻的年輕新聞人在筆錄歷史最負盛名的《大公報》，親眼目睹這樣的歷史時刻，情感共鳴油然而生。今夕何夕，水流雲在，百年新聞紙承載太多的民族情感，這裏有希冀和傳承，凝結幾代《大公報》人的赤子之心和無悔選擇。

　　《大公報》根植香港，作為「回歸一代」的大公報人，我懷着一顆虔敬之心，打開電腦上的word文檔，為我熱愛的《大公報》創刊120周年，也為香港變遷寫下一點記憶的片斷。「香港發展一直牽動着我的心」，是習近平總書記吐露的心跡，事實上，也是中央政府真誠呵護培育關愛香港特區的縮影。北京是中央政府所在地，也是對港政策的發起地。二十五載櫛風沐雨，我在北京，見證着、記錄着、感動着。

　　清晰記得，香港回歸五周年前夕，我們在中南海紫光閣獨家專訪國

務院副總理錢其琛。他是主管港澳事務的國務院領導，也曾是大公報人。錢其琛還興致勃勃參觀了「風雲激盪一百年」《大公報》歷史版面回顧展，並與大公同事合影留念。

追憶當年一線在商務部等候數輪磋商，中央排除阻礙僅用18個月就推動完成CEPA（內地與港澳關於建立更緊密經貿關係的安排）談判，並於2003年回歸六周年在港簽署。我在一篇報道中寫道，CEPA的簽署將是「中央政府送給香港的一份大禮」，《大公報》社評採用了這一說法。如果說CEPA意味着內地強有力地助港經濟復甦，為特區提供政策援助和經濟關懷的話，過往報道關鍵字多為「挺港」。回歸二十多年，中央對港的關鍵字悄然發生變化，「融入」二字也表明香港發展的內在邏輯：國家發展大局中提升香港競爭優勢，香港機遇與國家未來緊密交融。而由最高領導人親自謀劃、親自部署、親自推動的粵港澳大灣區建設，成為新時代國家重大發展戰略，亦是「一國兩制」的新實踐。

2005年9月間，十餘天時間裏我穿行數千公里，跨越三省，星夜兼程，一路走一路寫。是次獨家採訪是內地首次向境外記者開放供港活畜活禽基地，在嚴格可追溯的國內高質量保供體系，我所見供港畜禽享受「動物福利」，活牛活豬活雞就是乘搭三趟快車千里迢迢輸往香江。在內蒙科爾沁大草原，壯美遼闊的祖國山河感染着我。內地始終是香港的最大底氣和後盾，港人的民生福祉素來是中央政府最為關切的。香港只要有求，祖國必定有應。無論是SARS還是新冠疫情，中央都果斷出手援港。黨的十八大以來，中央政府對於香港青年，從求學、實習、創業、就業全方位傾注政策關懷，我在內地採訪很多港青故事，他們的視野連同事業投向內地，港青北上漸成趨勢。

從「十二五」規劃港澳首次單獨成章，到「十四五」涉港500多字

，香港在國家發展格局中的分量持續提升，支持香港建設國際創科中心明確寫入國家發展規劃。創新科技是香港優勢，支志明教授在香港回歸十周年作為香港科學家首次獲得國家自然科學一等獎，他曾說：「自己最看重中國科學院院士的身份」。我還在北京數次採訪過國學大師饒宗頤先生，他多次受到國家領導人會見和致信，他所秉持「學問報國」理念是香港知識分子對國家的強烈認同。饒老鮐背之年在故宮神武門舉辦學術藝術展，他在家人攙扶下登頂神武門的畫面，我至今仍歷歷在目，那是故宮第一次為香港學者舉辦個展。而今香港故宮文化博物館落成開館，延續紫禁城建築群朱紅色主基調，將成為香港的文化新地標，令到香港同胞近距離就可觸摸中華文化根脈。

雄雞高昂的中國版圖上，一點都不能少。香港對於祖國則具有特殊意義。記得周南社長向我憶述，「鄧公不但提出了『一國兩制』的設想，而且親自領導香港問題的解決。他心目中的大事都與保證國家主權和中央對特區領導權力有關。他總是強調必須是由『愛國者』的港人來治港。」香港回歸歷經風雨洗禮，我也見證國家從法律層面對香港固本安邦，從被譽為「四大護法」的許崇德等老一輩先生對基本法的釋法化解憲制危機，到「一法定香江」——全國人大通過「香港特區維護國家安全法」，再到完善選舉制度，香港迎來新選制後的選委會選舉、立法會選舉和特首選舉，開啟由亂到治的嶄新篇章。我看到新一輩法律人薪火相傳守護香江，也看到國家成立高端智庫全國港澳研究會，凝聚眾智，為香港長治久安繁榮發展提供政策支撐。有理由相信，香港一定會在融入國家發展大局中成就自己、貢獻國家。

新聞是歷史的草稿。經年累月，微光成炬，波瀾壯闊的時代畫卷，由那些看似不經意的記錄和生動真切的故事所勾勒。新聞人的價值或許

正是在親筆繪成的素描稿和工筆畫，留下時代的刻度和記憶。重溫「忘己之為大，無私之謂公」的報名釋義，這種精神感召就像初聞時的鼓舞，再度受到砥礪鞭策。

江山留勝跡，我輩復登臨。「一國兩制」是一項前無古人的創造，這種「特殊」價值貫穿回歸25年。從香港「特別」行政區的探索，到中國「特色」社會主義的實踐，香港已成為國家治理體系這張藍圖的重要組成部分。前輩報人已書寫輝煌業績，在兩個甲子的報慶節點，我輩當繼承發揚《大公報》的愛國傳統，為民族復興和「一國兩制」偉業發出建設性的聲音。

（作者為大公報北京新聞中心副主任）

扣好職業生涯第一粒扣子

茅 杰

一九九九年七月，我有幸入職上海辦事處，成為《大公報》大家庭中的一員。《大公報》給了我大學畢業後的第一份工作，她引導我在高起點上起好步，扣好了職業生涯的第一粒扣子。在上海辦事處和港館，我累計工作了十一年有餘，所學所悟收穫的一切，受益至今。

我常笑言，自己與《大公報》結緣「長達」兩個世紀（一九九九年至二〇一〇年），可謂刻骨銘心，如今依然時常感恩其獨特的魄力、魅力和影響力。

敬佩《大公報》的魄力：不拘一格用新人。二〇〇〇年，中央提出「西部大開發」戰略，《大公報》立即與國家民委等策劃了「西部民族地區紀行」大型採訪活動，錢其琛副總理在人民大會堂出席啟步禮並授旗。當時，我參加工作僅僅十三個月，壓根沒想到能作為此次重大報道中最年輕的記者跟着資深媒體大咖們赴西部採訪，頗有點「出道即巔峰」的幸運。我所在的小分隊從北京出發，四十天內足跡遍布內蒙古、陝西、四川、貴州，這段珍貴的經歷讓我迅速點燃了新聞激情，找到了新聞感覺，並深愛上了新聞行業。

我和同事們採寫的《西部歸來話西部》系列報道，一舉榮獲了二〇〇〇年度香港報業公會全年新聞大獎和最佳特寫新聞組冠軍，擔任評審委員會主席的查良鏞（金庸）予以高度評價：「《大公報》的系列報道，可以說代表了香港新聞寫作的最高水平！」

欽佩《大公報》的魅力：千方百計培養人。二〇〇二年四月，港館為我辦理了工作簽證，讓我赴港學習鍛煉。前三個月，我在經理部上班

，參與了《大公報》百年報慶相關活動的策劃、組織以及與國際媒體的溝通等，還有幸隨國際傳媒代表團訪問了北京、天津和上海。這段特殊經歷，讓我對《大公報》的感情進一步升溫，對其歷史和魅力更加欽佩；後三個月，我在編輯部學習，擔任過國際版、要聞版和中國新聞版的編輯，還嘗試了一些外出採訪。在這段激情燃燒的歲月裏，有一個細節記憶猶新：某天，總編輯遞給我一本中英文詞典並叮囑說，國際版要用的有些外電文章，你試着翻譯吧。我當時一愣，馬上領會到：這是給我學習鍛煉的機會啊！

在香港工作的六個月，我切身感受到《大公報》「相親相愛一家人」的文化氛圍，無論是社長、總編輯、總經理等高層，還是身邊的普通同事，對我這個年輕人關照有加。《大公報》「藏龍臥虎」，同仁們傾囊相授，既壓擔子又指路子，不少新聞業務的「一字師」場景如今仍歷歷在目。當時，港館有意讓我留下來工作，因個人原因我選擇返回上海，一度還擔心會影響我未來發展。沒想到，隔了一年多，時年二十八歲的我被任命為《大公報》上海辦事處主任，成為當時最年輕的內地辦事處負責人。

讚佩《大公報》的影響力，引以為傲大公人。剛進入報社時，曾有前輩和我分享：越是重大事件、重要時刻，越要看《大公報》。在中國共產黨全國代表大會、全國兩會等召開時，《大公報》的地位就愈發凸顯。二〇〇七年中國共產黨第十七次全國代表大會、二〇〇八年至二〇一〇年的全國兩會，我都有幸作為報道組成員飛赴北京採訪，在中國的「心臟」感受《大公報》的特殊影響力。

「我是《大公報》記者」，任職《大公報》期間，這是我引以為傲的自報家門方式，也因此收穫了工作上的諸多便利與優勢。

　　二〇一〇年十月，我惜別《大公報》，來到上海市閔行區工作。如今，熟悉我的人在介紹我時，經常會補充一句：茅杰曾經在《大公報》工作過。每次話音剛落，我馬上就能感受到人們投來的敬佩目光。

　　一時大公人，一世大公情！

（作者曾任《大公報》上海辦事處主任）

▶時任政務司司長曾蔭權頒發寫作及版面設計全年大獎予《大公報》代表

▼香港報業公會把二〇〇〇年「全年大獎」頒予《大公報》

▶《大公報》獲獎者與報館負責人合照

我以大公報人爲榮

鍾麗娟

這幾天，朋友聚會談的都是《大公報》創刊一百二十周年，尤為津津樂道的是，習近平總書記百忙中為《大公報》創刊一百二十周年發來賀信。很多人感慨意想不到，羨慕不已；大公報人感到喜出望外，無上榮光。回到家中，想起自己還收藏了《大公報》創刊一百周年的郵票，驚嘆歲月飛逝，思緒也回到二十年前的《大公報》百年華誕。

那是二〇〇二年，我在《大公報》港聞部已經當了六年記者，這一天，我的採訪通知是「《大公報》百年華誕慶祝酒會」。到了香港會議展覽中心大禮堂，我不禁被眼前盛大的慶祝場面震撼了——逾千名社會名流雲集，全國人大常委會副委員長成思危、全國政協副主席霍英東、香港特別行政區行政長官董建華、中央人民政府駐香港聯絡辦公室主任姜恩柱、國務院新聞辦公室主任趙啟正等擔任主禮嘉賓。由於主禮及重要嘉賓太多，當時三樓大禮堂的貴賓室不夠用，還租用了上一層的房間，我們採訪要跑兩層樓。這個難忘的經歷，至今仍記憶猶新。

《大公報》創刊一百周年時，慶祝活動很多，「風雲激盪100年《大公報》歷史版面展」、「百年大公在天津尋根」、「華夏群星頌紫荊大型文藝晚會」等等。早年曾經在《大公報》工作過的國務院副總理錢其琛，更在香港會見了《大公報》社員工代表，對《大公報》創刊一百周年表示祝賀，希望《大公報》全體員工繼續發揚愛國傳統，適應香港「一國兩制」的新情況，把《大公報》越辦越好。

如果說《大公報》創刊一百周年時我是記錄者，那麼，到了《大公報》一百一十周年時，我有幸成為報慶活動的參與者。當時我是《大公

報》公關策劃部總經理，是報慶籌備小組成員。在姜在忠社長的領導下，這一年的報慶活動層次高，規模大，最令同行艷羨的是：在慶祝酒會上，不僅全國政協副主席董建華、特區行政長官以及幾十個國家駐港總領事等千名嘉賓出席，而且更重要的是時任中共中央政治局常委、國家副主席習近平還專門給《大公報》發來賀信，希望《大公報》弘揚百年愛國傳統，與時俱進，開拓創新，不斷擴大影響力，為「一國兩制」的成功實踐，為香港的長期繁榮穩定，為國家富強和民族振興，繼續作出新貢獻。

到了《大公報》創刊一百一十五周年，盛大的慶典活動繼續成為城中熱話。其中「鐵肩擔道義　健筆為家國——《大公報》創刊115周年大型展覽」，充分展示了《大公報》以「立言為公，文章報國」為己任，以國家前途和民族利益為最高原則的道義承擔和家國情懷。我現在還記得，展覽有一個篇章是：「手無寸鐵　雄兵百萬　力舉千鈞　報紙一張」，每每想到這個標題，就熱血沸騰，作為大公報人，倍感自豪。

今年是《大公報》創刊一百二十周年。十年之內，習近平總書記兩次專門為《大公報》生日發來賀信，體現了總書記對香港愛國愛港媒體人的親切關懷和殷切希望，更體現了中央政府對香港長期繁榮穩定的高度重視。這一年，大公文匯傳媒集團在香港報業公會主辦的「2021年香港最佳新聞獎」中榮獲二十三個獎項，再居全港報業集團之首，其中《大公報》獲得三冠兩亞一季四優異獎。我深信，《大公報》長期堅持的「忘己之為大，無私之謂公」、「鐵肩擔道義，健筆為家國」的辦報宗旨，必將創造一個又一個新的報業神話，為新時代「一國兩制」成功實踐書寫新的篇章！

（作者曾任香港大公文匯傳媒集團助理總經理）

▲▼大公報創刊一百周年時，慶祝活動很多，「風雲激盪100年《大公報》歷史版面展」、「百年大公在天津尋根」、「華夏群星頌紫荊大型文藝晚會」等等，場面熱烈。

▲▼陳香梅、霍英東、曾憲梓等各界名流祝賀大公報創刊一百周年。

我在《大公報》的成長

馬 玲

　　《大公報》一九〇二年六月十七日在天津創刊，創刊之初，就以「敢言」著稱。

　　一九二六年，吳鼎昌、胡政之、張季鸞組成新記公司接辦《大公報》。《大公報》以文人辦報的方式重新登場，推出辦報新方針，「不黨、不賣、不私、不盲」。

　　《大公報》在創刊的一百二十年間，從天津到上海，抗戰期間又經歷了漢口、桂林、重慶，一九四八年在香港復刊。《大公報》是至今尚存的歷史最悠久的中文報紙。

　　我仍清晰記得第一天進《大公報》工作的情況。那是一九九三年三月一日的早春，上班第一天，我被安排去參加有關北京申辦奧運會的新聞發布會。回到首都賓館的辦公室後，詢問稿件怎麼寫，《大公報》北京辦事處主任鞏雙印讓我看了一下樣稿。我看後一驚，需要豎着寫，而且是繁體字！

　　我嘗試着寫完稿後，通過傳真發去了香港。

　　第二天，我從家中搬來「四通2403」打印機（當時記者都沒電腦），稿件寫完後稍加編輯，豎版繁體字就輕鬆發去了香港。隨後，受到編輯部表揚，因為有些記者的「手書」實在難以辨認。

　　進《大公報》沒幾天，我見到了從香港來北京參加「兩會」的總編輯曾德成。他叮囑，要盡量挖掘獨家新聞，這對我是個很大的鞭策。後來我能在《大公報》發出一些具影響力的獨家新聞，有些被路透社、美聯社和法新社等通訊社轉發，與總編輯曾德成最初的激勵密不可分。

　　入職的當年秋天，我從北京去《大公報》香港總部實習了一個月。在香港受到新聞氛圍的感染，回京後我開始思考如何把北京的優勢發揮到最大化。後來和報社領導討論商議，《大公報》於一九九四年推出了「華人政要」人物專題報道，主要採寫中華人民共和國部級以上的領導，每周一個人物，專門闢出一個整版登載，「首開了寫政治人物」的先河，所以「往中南海跑」也成了我那時的一個「新常態」。

　　後來，我找到總政宣傳部，希望與他們合作開設介紹中國軍事發展的欄目。總政宣傳部召集在京的各兵種宣傳處長開了個座談會，指示他們為《大公報》的「軍事之窗」欄目提供幫助。這個欄目，也是每周一整版。此外，還邀請了張召忠和金一南出任《大公報》的特約撰稿人，我那時已感受到金一南的非同一般之筆。

　　當時的《大公報》北京辦事處主任張延軍非常豁達，為我的工作提供了諸多方便和支持。

　　一九九六年底，我去《大公報》香港總部工作，並參加了九七回歸慶典採訪，在現場親眼目睹了回歸交接儀式的整個過程並撰寫了回歸稿件。在此之前的一九九五年，《大公報》協助中央電視台製作了被立為國家項目的回歸紀錄片《香港滄桑》，我的作用是從中穿針引線。

　　今年七月一日是香港回歸二十五周年，回首當年往事，可謂不甚感慨。

　　從寫時事到寫歷史，我的報道筆觸也有了縱深感。當初，我投身《大公報》，正是因為看中了它的那份歷史厚重。它的「文人辦報」氣質，它辦報的「四不」風骨，對我有着強烈的魅力吸引。

　　我一九九八年出版的《紅牆內外的獨家報道》一書，記錄了自己在《大公報》第一個五年的步履和思考，沒想到還成了那年的一本「小

暢銷書」。

在《大公報》當記者期間，不僅可廣泛地涉獵政治、經濟、文化、社會並進行採訪報道，而且報館還給了我追隨報道中央領導人出訪的機會，踏足亞洲、歐洲、非洲以及中東地區，力使報道和評論能夠更深入。

二〇〇〇年的新世紀開端，新一任總編輯楊祖坤（前任總編輯曾德成已進入香港特區政府班底），希望我能在《大公報》要聞版開設「馬玲專欄」，對每日的時事進行評論。這是個極大的挑戰，之前的《大公報》雖然很重視評論，但是尚沒有以個人名字命名的時事專欄。考慮一番，我接受了。於是，二〇〇〇年一月一日開始，「馬玲專欄」推出。

光陰荏苒，《大公報》迎來了創刊一百二十周年。歷史上的《大公報》是名副其實的記者培養搖籃，產生過許多名記者，包括張季鸞、王芸生、范長江、楊剛、彭子岡、徐鑄成、蕭乾等等。

當年的《大公報》，有不少沐浴過洋風的「西派」人物，所以《大公報》有個籃球隊也就不足為奇了。一九四八年，以「大公報籃球隊」為班底組建的中國籃球隊（十名隊員中其中六位是大公報人），出征倫敦第十八屆奧運會，戰績不俗，先後擊敗了比利時、韓國、伊拉克等國家隊，可謂開闢了中國奧運史的新紀元。

金庸和梁羽生都曾是大公報人，後來又都成了新派「武俠小說大師」。

費彝民當了近四十年的香港《大公報》社長，一生為《大公報》貢獻良多，被尊稱為「費公」。他一九四八年隨《大公報》赴港直到一九八八年仙逝，期間作為北京與海外的最重要「聯絡員」，先後與周恩來總理會面五十多次。《大公報》當年率先報道了中央政府收回香港的決定。《大公報》是海外了解中國動向的主要媒介。

一九八〇年《大公報》要成立駐京辦。八十年代中期首都賓館竣工，成為繼北京飯店後國家全資擁有的第二家五星級酒店。《大公報》北京辦事處就設立在此。

在我作為記者的成長之路上，《大公報》給予了我很多養分，讓我至今受用，所以我一直懷着深深的感恩之心。願一百二十歲的《大公報》扎扎實實走下去，在記載歷史的同時也成為歷史的一個傳奇。

（作者曾任《大公報》高級記者）

▲上班第一天，記者被安排去參加有關北京申辦奧運會的新聞發布會，發回報館的新聞報道受到編輯部表揚。

「報館就像一個溫暖的大家庭」

常婷婷

　　我是在一九五〇年加入《大公報》的，一開始擔任校對員，後來又在要聞課及經濟課任職，直至一九八九年退休。回首那將近四十年的時光，最令我難忘的便是同事們互相關心愛護，親如一家，這份細水長流的情誼與感動，使我把報館視為自己的家。

　　加入《大公報》時我只有十九歲，是年紀最小的員工，同事們的關照使我很快就融入了這個大家庭。作為一份歷史悠久的報紙，《大公報》在報道方面有諸多特色及要求，如標題必須由八個字組成，且需同時包含主語、賓語及動詞三個元素。為了提升我們的業務能力，報館提供了不同方向的培訓，其中編輯主任兼要聞課主任趙澤隆親自教我們起標題時如何抓住重點；副總編輯陳凡則教授我們寫作知識、如何收集採訪資料等。此外，還有社會發展史等方面的課程。副總編輯李宗瀛也親自上陣教授英文。

　　在前輩們無微不至的關懷下，我的新聞素養不斷提升，在面對重大事件時亦能迅速做出判斷並與同事相互配合，務求將最重要的訊息呈現給讀者。一九六三年十一月二十三日凌晨，負責收聽外國電台新聞的何巧生大姐忽然從廣播中聽到了美國前總統肯尼迪遇刺的消息，當時要聞課同事已經全部下班，僅剩何大姐、趙澤隆與我三人，印刷部門也已開始印刷當天發行的報紙。趙澤隆當機立斷，打電話要求印刷部門停機，我和何大姐也隨即開始聽廣播，在昏暗的燈光下奮筆疾書，記錄與翻譯外國媒體對相關事件的報道。走出報館時，天空已有些蒙蒙亮光，但我們都不覺得疲憊。那天上午發行的報紙中，全香港只有《大公報》報道

了這一事件。每當想起那天的經歷，作為媒體人的自豪感便會從心底油然而生，而這也正是大公報人的責任與使命。

報館的工作緊張而忙碌，但生活十分充實。那時每晚十一點都有餐宵夜食，凌晨放工後大家又會一起去銅鑼灣的酒樓和大牌檔食宵夜。放假期間，大家還經常一起旅行、郊遊。此外，報館還有合唱團、籃球隊、舞蹈隊等，讓同事們充實自己的業餘生活。我是舞蹈隊成員之一，每逢報慶、國慶，大家便會表演節目，為喜慶的節日增添歡樂的氛圍。

上世紀六十年代，工聯會籌建工人俱樂部需要資金支持，《大公報》舞蹈隊便與長城、鳳凰、新聯三大電影公司的當紅明星組成演出團，在全港各大戲院舉行義演進行籌款。我們在演出中表演的是「紅綢舞」，需要八名成員同時舞動紅綢。紅綢長一丈半，寬四呎，由於演出人數多，舞台空間又十分有限，只要綢緞稍有觸碰，整個表演便會中斷。負責教舞蹈的李敏菁是同事李栩生的太太，她對我們要求非常嚴格，我們每次練習結束後，雙腳都痛至無法入睡，這樣的情況持續了一個多月。不過也正是她的嚴格要求，才讓《大公報》的「紅綢舞」譽滿全港，不僅登上了娛樂戲院、利舞臺、普慶等港九著名大舞台，更是每場演出的壓軸節目，場場掌聲爆滿。

在《大公報》這個大家庭中，我也組建起了自己的小家。我的先生曹驥雲與我同年加入《大公報》，他起初任職校對，後轉入要聞課，先後從事翻譯、編輯等職。我們在一九五七年結婚。一九九六年退休後，他仍然筆耕不輟，常去圖書館看書，為《大公報》撰寫評論文章。他過去也常常說：「報館就像一個溫暖的大家庭。同仁愛報，上下親和。」我們也時常參加退休職工的聯誼會，和過去的同事們回顧那段年華。

《大公報》見證我從小姑娘步入耄耋之年，而我能陪伴它走過崢嶸

歲月，見證香江滄海桑田的變化、國家日新月異的發展，也着實與有榮焉。期待它繼續書寫下一個更加精彩的篇章！

（作者曾任《大公報》要聞課翻譯、經濟課編輯）

▲上世紀六十年代，《大公報》員工表演的「紅綢舞」譽滿全港。圖為常婷婷在舞台上表演「紅綢舞」。

與《大公報》沾緣

潘耀明

《大公報》創刊一百二十周年之際,《大公報》朋友希望我寫一篇「我與《大公報》」。

我對他說,讓我想一想。其實我與《大公報》並沒有直接的關係。

後來一忖:「我真的與《大公報》沒有半點關係嗎?」為什麼《大公報》這個名字於我特別感到親切呢?

我一直在尋思。我終於找到了答案。在我的平生中所結交的師友不乏《大公報》的前輩。

舉例早年主編《大公報》文藝副刊的沈從文先生,還有由沈先生延聘的得意門生——蕭乾,再後來是當過《大公報》翻譯、編輯的金庸先生。

行伍出身的一代文化宗師沈從文先生於一九三三年主持《大公報‧文藝副刊》,群賢畢集,如茅盾、葉聖陶、巴金、黎烈文等名家,都是其基本作者。

上世紀三十年代,京派作家俞平伯、周作人、朱自清、林徽音、朱光潛、金岳霖、蘆焚、凌叔華、廢名、汪曾祺等大家,都被沈從文羅致於《大公報‧文藝副刊》旗下,這一個個都是神州大地文藝天空中閃爍的明星。

沈先生既重視內容又兼重文采,使得文藝副刊很快遐邇海內外,成為《大公報》的文化重鎮。

他不拘一格用人才,把剛從燕京新聞系畢業的蕭乾聘請到《大公報》副刊當編輯。對年輕作者的來稿都一一親自處理,有些還親自寫信給

，我明白他們謙卑的感情，我願同一切在沉默下努力的朋友握手了。我還願意給他們『自信』的機會，每一個在其中向群星望着的人，他們都得有一種自信。」（《記胡也頻》）

此後，《大公報》設立文藝獎金，由沈從文擔任評判委員之一，隆重推出三位獲獎新人蘆焚、曹禺、何其芳，還為曹禺獲獎作品《日出》撰寫《偉大的收穫》的評論登在《大公報》副刊上。後來，這三人都成為中國文壇響噹噹的大家。沈先生是真正的伯樂。

蕭乾是在沈從文先生鼓勵下走上文學道路的。蕭乾的處女作《蠶》短篇小說首先獲沈先生賞識刊登於《大公報‧文藝副刊》。蕭乾短篇小說集《籬下集》，沈先生自稱他是第一個讀者，並經常給予肯定勛勉。為了鼓勵後輩，大師級的沈先生還主動與剛嶄露頭角的蕭乾聯名出版了文藝書信集《廢郵存底》，刻意提升蕭乾的文學地位。

▲沈從文在寫作。

◀一九三三年沈從文滿懷「文學報國」夙願加盟《大公報》，主編《文藝副刊》。

蕭乾在恩師沈先生的鼓勵下，信心倍增，把《大公報・文藝副刊》的影響力推到一個新台階。

一九三五年，蕭乾接任《大公報・小公園》，把老氣橫秋的文藝副刊，由原來的消閒性變為文藝性，作者從老齡化變年輕化，令人一新耳目。作者榜上有葉聖陶、冰心、知堂（周作人）、朱光潛、巴金、靳以、蘆焚、李健吾等，允稱名家如林。

《大公報・文藝副刊》也是蕭乾文學創作的搖籃。蕭乾許多作品都是在這裏發表。蕭乾還寫了大量旅行通訊，最初也是在這裏發表的。蕭乾洋洋五千字名篇《血肉築成的滇緬公路》特寫，是於一九三九年六月十七日至六月十九日在《大公報》香港版連載。這是蕭乾花三個月跋涉一千多公里滇緬之行的採訪實錄。這條因抗日需要而建的、由二十萬民工血肉築成的公路，有三千人付出生命代價。蕭乾翔實報道建築這條抗戰大動脈，農民工所灑下的血淚和犧牲，既扣動人心，又令人唏噓，感動了千千萬萬讀者！

在胡政之的邀請下，蕭乾還參加了《大公報》香港版創刊的籌備工作，文藝版在香港《大公報》正式復刊。其間，蕭乾曾先後主編《大公報・文藝》香港版，並創辦了《文藝》綜合版。

從一九三九年至一九四六年，蕭乾出任《大公報》駐英特派員兼戰地隨筆記者，是第一個奔赴歐洲戰場的中國記者。從一九四六年到一九四八年，蕭乾為《大公報》撰寫了近二百篇社評。

這是蕭乾一生中的黃金歲月。

我之前的老闆查良鏞則是繼蕭乾之後進入《大公報》的。他於一九四七年十一月在《大公報》上海館應聘為翻譯。

一九四八年《大公報》在香港復刊，需要一名翻譯，金庸被派至香

◀▲二戰時，蕭乾是
中國最早在歐洲的戰
地記者。

港工作，其間在《大公報》當過記者、翻譯、編輯。

查良鏞的武俠小說先在《大公報》旗下的《新晚報》開始連載的。他應當年《新晚報》總編輯羅孚之邀，以金庸的筆名首次發表《書劍恩仇錄》，一鳴驚人，從此金庸的名字不脛而走，名滿天下。

查良鏞蔚為一代報人和新派武俠小說的大家，可說是《大公報》成就了他。

在文化大師面前，我不過是一個小輩文人。我早年在《大公報》倪

振良副主編的力邀下，曾在《大公報》寫一個每天的小專欄，欄名叫「文不加點」（一九九七年七月至一九九九年九月），是文化隨筆，側重文學性。我受到蕭乾老當年辦《大公報·小公園》側重文藝性的啟示，我試圖把這個專欄寫得既契合閒情，也不失逸致，這就兼具了文化內涵，希望做到陶冶性情。

近年我與文友們歷經十八年的奔走疾呼倡建香港文學館，獲得《大公報》的響應和大力支持，我想說的，《大公報》也是屬於文學的。

記得二〇一八年十一月二日，我陪同中國作家協會主席、中國文聯主席鐵凝探訪《大公報》，大公文匯傳媒集團總編輯李大宏先生向我們縷介歷任《大公報》副刊的主編、主要撰稿者，真是群星燦爛，令人目眩神迷呀！

《大公報》在一百二十年的漫漫歲月長河中，不愧是中華大地一面獵獵飛揚的文化大纛！

（作者是香港作家聯會會長）

◀2009 年 4 月，查良鏞重回《大公報》，參觀報史館。

一份報，兩代情

屠海鳴

明天，《大公報》就將迎來一百二十歲生日。對於我來說，這是一個神聖的日子，因為，母親和我都與《大公報》結下了不解之緣。二十四年前，母親已離我而去；如果母親在天有靈，一定會給我布置一份特殊的作業：為《大公報》一百二十歲生日撰文。

我的母親高肖笑，曾任《大公報》高級記者兼上海記者站站長；也許是因為命運中的默契，從二〇一四年開始，《大公報》為我開設了「點擊香江」政論欄目，我每周都要撰寫三至四篇政論文章，至今已經撰寫了一千八百多篇，將近四百萬字。在為《大公報》撰稿的過程中，我早已把自己當成了這個大家庭中一員，延續着母親對《大公報》的摯愛深情。

記得那是三十二年前的一個深夜。母親把我從睡夢中叫醒，興奮地告訴我：「今天，香港《大公報》社長楊奇找我談了，她讓我盡快調到《大公報》擔任駐上海高級記者，並且着手籌備《大公報》上海記者站。」望着我母親高興的樣子，我知道這是她朝思暮想的一天，她新聞生涯即將開啟新里程。

母親是一九四九年從浙江溫州考進復旦大學新聞系的，是新中國自己培養的第一批大學生。從一九五三年開始，她就一直獻身於上海市委機關報《解放日報》，一幹就是三十七年，採寫了成千上萬篇新聞報道。我於一九八三年畢業於復旦大學新聞系，職業生涯的第一站也是《解放日報》。一九八八年，我和母親同時當選上海市「首屆十佳新聞記者」，從德高望重的老市長汪道涵手上接過了獎狀證書。汪道涵握着我們

的手說：「你們母子倆同時當選上海首屆十佳記者，這就是今天最大的新聞。」

上世紀八十年代末，母親正好有機會赴香港採訪。經她的同班同學、時任《大公報》副總編輯唐駕時的引見，我母親見到了剛剛出任《大公報》社長的楊奇。楊奇社長熱忱地邀請她為《大公報》撰稿，還專門向上海市領導打了招呼，讓我母親挑起為《大公報》撰稿的重擔。《大公報》這些來自上海的文章刊登後，經常被其他港媒所轉載。《大公報》的讀者也漸漸知道了報社有一位上海的特約記者叫高肖笑。

寫着寫着，母親越來越鍾愛《大公報》。她與報社編輯部的許多同事也越來越熟悉了。楊奇社長很快決定成立上海記者站，並動員我母親出任首任站長和高級記者。就這樣，一九九〇年，我母親在她五十七歲那年，成為了《大公報》的正式一員。

白手起家，遇到的困難可想而知，從約稿、採訪、編輯到廣告、發行，她一身數職，什麼活都幹。雖然很累，可她幹勁十足。有一天星期日下着滂沱大雨，家裏來了不少客人，可我母親急着要外出，當客人問她：「你星期日也要採訪？」她回答：「有一件很重要的事需去報道。《大公報》是沒有星期日的。」

後來，我母親拉來了她在《解放日報》的二十多年老同事、著名經濟記者干谷。自此，《大公報》反映上海政治、經濟、文化、社會的各種新聞報道更加有聲有色，從上海證券交易所的啟用、浦東的開發開放，到上海地鐵建設、中外合資企業落戶，《大公報》見證了上海發展的每一個節點、每一項成果。上海首座越江大橋「南浦大橋」竣工通車，我母親與干谷一起，寫了十多篇文章，約了三十多版祝賀廣告，其宣傳的角度、深度和廣度甚至超過了上海的地方媒體。有一次，楊奇社長和

副總編輯陳彬訪問上海，拜會時任上海市委書記吳邦國、上海市長黃菊，上海領導親切地對楊奇說：「感謝《大公報》的大力宣傳，感謝你們在上海設立了記者站，感謝你們選派了優秀的記者。」

在《大公報》日子裏，我母親十分節儉，一分一釐都為報社考慮。外出吃一頓飯、坐一次出租車、打一個長途電話，都是省了再省，渾不在意或追求已經開始漫天飛舞作誘惑的名繮利索。她和干谷不僅白手起家為報社添置了好幾處物業，還為報社創造和累積了許多財富。母親常說，雖然遠離總社，但所做的每一件事情，都要經得起領導的監督，經得起同事的評價，經得起歷史的檢驗。以後，記者站升格成了辦事處，我母親擔任了辦事處主任，《大公報》在上海的影響也更大了。

一九九六年，我母親在為《大公報》兼職和全職工作了八個春秋後，因為年齡關係，她離開了報社。可就在她一年後身患絕症住進醫院治療和搶救的最後時刻，她依舊念念不忘《大公報》和那些曾在《大公報》一起共過事的香港同事。她每天都要我把當天的《大公報》送到病房。在她人生的最後兩個星期，她顫顫抖抖地給我一張名單，裏面整整齊齊寫着二十多位她的好朋友的姓名、單位、地址。她告訴我，這是她三個多月前就寫好的。她讓我要保持與這些好朋友的聯絡，以後有空要代表她經常去看望他們。在這份她最為摯友的名單中，有好幾位都是《大公報》的老同事。

一九八九年，我做了人生最艱難的一項決定，告別了我工作了六年的解放日報社，來到香港定居。後來，我下海經商，又回到上海興辦房產公司。隨着事業的發展，我也漸漸有經濟實力做慈善事業，曾獲得「中國慈善特別貢獻獎」、「上海市慈善之星」等榮譽，還連續擔任了五屆上海市政協委員和常委。然而，隨着時光的流逝，我越來越清晰

地意識到，用財富救助他人，救助的範圍是有限的，「鐵肩擔道義，妙手著文章」，更能推動社會進步，也更能體現人生價值。

記得二〇一四年初夏的一個傍晚，我正在維港岸邊散步，晚風習習，燈火璀璨，「東方之珠」的魅力令人沉醉。突然，電話響了，是我母親生前的閨密、《大公報》資深主筆葉中敏打來的，她約我寫點評論文章，駁斥一下某些人所謂「真普選」的荒謬觀點。那正是非法「佔中」爆發前期，反中亂港勢力頻頻造勢，蠱惑人們上街抗議。我想了想，答應了葉師姐的邀約。

重新拿起筆，心中激盪着愛國愛港之情。我寫下了《荒謬邏輯一捅即破，「愛國愛港」不容挑戰》《反「佔中」簽名十天破百萬：真實民意擊穿謊言》等多篇政論文章，在《大公報》上刊發。初次出手，閱讀量就達到每日排行榜的前幾名，令我有了信心。我根本不曾想到，已經擱筆二十年的我，因為一份《大公報》，會重操舊業、重溫舊夢。不久，《大公報》為我開設了「點擊香江」專欄，讓我有了固定的「用武」陣地。

二〇一九年是香港回歸後最動盪的一年。一群自稱「愛香港」的人，把香港蹂躪得遍體鱗傷；一群高喊「自由」的人，不斷侵犯他人免於恐懼的自由；一群自詡為「民主鬥士」的人，不允許不同政見者發出聲音；一群分享着「一國兩制」巨大紅利的人，公然嚴重挑戰「一國兩制」底線。

那一年，我在《大公報》刊發了近二百篇政論文章，與「港獨」勢力進行了堅決鬥爭。我的政論文章大致分為四類：緊扣一個「理」字，講好「一國兩制」的硬道理；緊扣一個「法」字，闡明法治底線不可逾越的大原則；緊扣一個「情」字，喚起香港同胞愛國愛港的真情感；緊

扣一個「夢」字，激發香港同胞同心共築中國夢的精氣神。正是因為講「理」說「法」、聚「情」築「夢」，影響力越來越大，許多文章在社交媒體廣為傳播，其中《大學生淪為暴徒是全香港的悲哀》一文，讀者點擊量高達三千五百多萬次。我還將在《大公報》刊登的政論文章匯集成冊，先後在香港公開出版了《救救患病的香港》等四本書。

二〇二一年三月八日，全國政協成立七十二年來首次頒發「全國政協委員優秀履職獎」，我有幸成為二十名獲獎者之一。當我從中共中央政治局常委、全國政協主席汪洋手中接過獎狀，我明白：這個獎狀是給我的，也是給《大公報》的。能在《大公報》這個平台上為國發聲，我感到無比驕傲！

往事歷歷，令人感慨萬千。我還清楚地記得——

二〇一九年「十一」期間，我應邀赴京參加國慶七十周年觀禮，在九月二十八日在人民大會堂舉行的國慶招待會上，我作為第一嘉賓，我的座位被安排在汪洋主席身旁。「海鳴，辛苦了！」汪洋主席一見我，親切地握着我的手說。席間，他仔細詢問香港的情況，對香港同胞的關愛之情溢於言表。他鼓勵我，要繼續主動發聲，用正義之聲驅散人們心中迷霧，回擊反中亂港勢力的進攻。

二〇二〇年全國「兩會」期間，中共中央政治局常委、國務院副總理韓正在出席全國政協港澳委員聯組會議講話時說：「我每天都閱讀來自香港的新聞報道，中央時時刻刻都關心關注着香港。」會後，他親切地對我說：「我常常閱讀你的評論文章，很好！」

這些年來，全國政協副主席、中央港澳工作領導小組常務副組長、國務院港澳辦主任夏寶龍，更是對我悉心指導和鼓勵。我在《大公報》上發表的文章，他幾乎每篇必看，並經常交流觀點。

　　二〇二〇年五月二十四日，十三屆全國政協三次會議舉行大會發言。我第二次站到人民大會堂的講台，作了《堅定「一國兩制」制度自信　徹底鏟除「港獨」生存土壤》的發言，我告訴全場全國政協委員，二〇一九年六月以來發生的數百起暴力事件，徹底顛覆了人們對香港的認知，在這場曠日持久的動盪中，街頭戰和輿論戰同時進行。作為港區全國政協委員，我從一開始就主動參與這場輿論戰，撰寫了二百三十多篇政論文章，在《大公報》等香港主流媒體刊登，與反中亂港勢力進行堅決鬥爭。我的發言，多次被政協委員們的掌聲所打斷……

　　風雨過後是彩虹。如今，香港處於由亂到治、由治及興的關鍵時期，輿論戰場上的激烈交鋒已經過去，但我的筆不能停。我明白，在穿越一百二十年的風風雨雨中，《大公報》始終保持「鐵肩擔道義」的本色不變；作為《大公報》的特殊一員，《大公報》的基因已經融入我的生命，我與《大公報》不可分離，魂魄如一。

　　《大公報》走過了一百二十年，母親和我兩代人有幸與《大公報》同行了三十四年。我想，假如母親知道《大公報》今日的輝煌成就、社會影響和責任擔當，一定會感到由衷的驕傲和自豪；假如母親知道我現在在為《大公報》撰稿，一定會為我點讚。她對《大公報》的摯愛深情，沒有因為生命的逝去而消失，而是在我的手中延續。

　　人世間，難道還有比這更令人欣慰的事情嗎？

軒尼詩道上的兩條平行線

簡嘉明

　　上世紀某個九月天，身處香港灣仔軒尼詩道三四〇至三四二號國華大樓（即《大公報》舊址）的員工陸續完成一夜忙碌的工作，報章順利出版，也代表他們可放心下班回家。與此同時，一對住在對面三三九號聯和大廈的夫婦，亦準備小心翼翼把初生的長女從醫院抱回家中。當天襁褓中的嬰孩，那曾有緣跟《大公報》成為街坊的，就是我。世事充滿意想不到的奇妙，正如軒尼詩道那對夫婦，也萬料不到女兒將來會與《大公報》結緣，在那份他們一家隨時可隔着六條來往行車線遙望製作流程的報章覓得筆耕園地，實現了擁有個人專欄的夢想。

　　九十年代，女孩由牙牙學語的兒童成了穿長衫校服的中學女生。她最感興趣又表現最好的科目是中國語文、中國文學與中國歷史，每天放學回家，就想跟紛紛回報社上班的《大公報》員工為伴，在文字的世界打拚。挑燈夜讀的夜裏，她會拿着熱茶，觀察對面的情況，藉此放眼望遠紓緩疲勞。報社辦公室裏有總穿白襯衣、西裝褲和架眼鏡的編輯與記者，有的站着開會，有的接聽來電，有的採訪回來，有的埋首趕稿，眾人認真的樣子與報社通明的燈光，為每夜的軒尼詩道添上生氣。她當時覺得最有趣的是「排字房」，因手執文稿的師傅，皆技術熟練地從架上挑出一粒粒鉛字，再放在用前臂托着的板上，砌成即將付印的版面，既聚精會神，又敏捷得如有神助。同層相鄰的印刷房好像沒裝空調，只見工人汗流浹背，機器不停操作，像催促對面那八卦的女生盡快返回座位專心寫功課或背誦堆得跟她一樣高的測考筆記。

　　國華大樓門外有一排玻璃櫥窗，每天展示全份《大公報》各版面，

路過的人都可免費閱覽，尤其在那裏等巴士的市民。女生當然看過，但在港英時代成長的她並不明白為什麼《大公報》上有那麼多關於祖國內地的消息，風格又較當時大部分以娛樂及商業為重的報刊嚴肅正經，而且文字很多。多年後她才懂得那份報章有幫助香港市民加深了解祖國近況與發展的責任，不媚俗的風格則是重文、典雅與大氣的表現。香港回歸之前，「十一」國慶不是公眾假期，但國華大樓每年九月中就開始張燈結綵，掛起國旗、橫幅與大紅燈籠，喜氣洋洋。

女生一家沒有在灣仔度過一九九七年七月一日，因為他們搬家了。聚散無常，有緣的卻又從不失場，後來《大公報》的老友多番鼓勵女生努力寫作，也邀請她與家人參觀位於北角的報社，透過那裏展示的歷史資料與圖片，補充了女生兒時對《大公報》一知半解的認識。女生渴望當作家，卻不敢向報社投稿，直至某年到英國旅遊，在唐人街吃了一籠完全是昔日香港酒樓傳統風味的蝦餃，感慨有些港人因種種原因帶着專長移民他鄉，百感交集之下，就想借自己的文字創作，讓讀者透過閱讀增加對中國的認識。回港後，她寫了一篇關於飲食的散文，交給《大公報》副刊，這就是專欄「簡飲擇食」首篇刊出的文章《倫敦的蝦餃》。除了分享美食體驗，女生也開始寫散文，及後投稿至「大公園」，題材涵蓋生活、文學、藝術與時尚，後來成了現在長駐「小公園」的「竹門日語」。

上述是我的「大公報故事」，回憶不斷，深刻難忘。數年前以「新丁」身份參與報章專欄創作，感謝一眾前輩與編輯幫忙，讓我有發表作品的機會，也從專業的校對修訂和改善建議中獲益良多。

時值《大公報》一百二十周年誌慶，現在位於香港仔田灣的報社極具規模，設備與時並進，製作風格活潑創新，業務發展一日千里。誰會

曉得當年軒尼詩道上的兩條平行線竟有交匯的時空,女孩長大後竟可以專欄作家身份走進報業世界,與《大公報》全人並肩合作。「忘己之為大,無私之謂公」,百廿年來的人與事,我只是滄海一粟,但深信秉持宗旨,奮力不懈,定能在人生寫下如《大公報》般充實精彩的篇章。

(作者是《大公報》專欄作者)

▲位於灣仔軒尼詩道的《大公報》舊館,當年每天在大樓門外那排玻璃櫥窗展示全份大公報各版面,吸引眾多行人駐足閱覽。

立言爲公 不負時代

黃麗芳

今年是《大公報》創刊120周年，筆者也有幸作為120年歷史中一小段時間的同行者。

筆者和《大公報》的淵源始於「青年有話說」專版。2014年6月1日，香港菁英會與《大公報》合作的「青年有話說」專版問世。專版是《大公報》提供給年輕人的寶貴平台，讓我們得以把社會各界的青年領袖集合起來，透過我們身邊的經歷、對社會的觀察，各抒己見，並本着以實事求是的態度就時事熱點發出青年人的聲音。「動之以情，曉之以理」，我們的目標不只是提供數據或資料來作理性討論，也希望能情理兼備地呈現事實。時至今日，「青年有話說」為香港訓練了不少敢於為國家正面發聲的青年才俊，能夠與《大公報》一起向前，實在令人感到自豪。

我們和《大公報》一樣，也有「立言為公，文章報國」的信念，就算在非法「佔中」、黑色暴亂的非常時期，我們不做沉默的青年，仍然勇於發聲，說愛國愛港青年應說的話，做好愛國愛港青年應做的使命，說好中國和香港特區的故事。

中共中央總書記、國家主席、中央軍委主席習近平致《大公報》創刊120周年的賀信中，對這份百年大報作出高度評價，我也深受鼓舞。尤其是「立言為公，文章報國」八個字，給了我們很大的啟發。我們青年領袖要為國家在世界舞台上公道地發言，讓世人知道中國特色的發展路；並以我們的文章和思想，報答國家對我們青年人的栽培與愛護。青年人要和《大公報》一樣，對國家抱有使命感，不單要有擔當，更要有

所作為，為國家發展做實事。

　　總書記在賀信中還指出，「希望《大公報》不忘初心，弘揚愛國傳統，銳意創新發展，不斷擴大傳播力和影響力，為『一國兩制』實踐行穩致遠、為實現中華民族偉大復興的中國夢書寫更為精彩的時代篇章。」香港青年也要借鑒《大公報》的辦報宗旨和精神，為百姓出力，為國家效力，一同以我們的專業、我們的知識、我們的能量、我們的努力，為實現中華民族偉大復興，作出更大貢獻！

（作者是香港菁英會副主席、香港青聯科技協會主席）

◀▲「青年有話說」專版提供給年輕人寶貴平台，集合和團結社會各界青年領袖，以自身經歷、對社會的觀察，各抒己見，為青年人發聲。

百年老報「正青春」

凌俊傑

　　今年是《大公報》創刊 120 周年，一個多世紀以來，《大公報》秉承「忘己之為大，無私之謂公」的辦報宗旨，一直弘揚愛國精神，風雨兼程，始終堅持專業、公正、愛國的立場，「立言為公，文章報國」，令人欽佩。

　　《大公報》是一面鮮明的愛國愛港旗幟：立足香港，背靠祖國，面向世界。回望歷史，抗日戰爭期間，《大公報》是愛國文人發揮「筆桿子」作用的堅強陣地。1997 年香港回歸祖國後，大大小小的挑戰中，《大公報》均秉持專業態度，傳遞中央聲音，弘揚社會正氣、凝聚各界力量，支持特區政府依法施政，推動「一國兩制」實踐行穩致遠。

　　中共中央總書記、國家主席、中央軍委主席習近平致信祝賀《大公報》創刊 120 周年，充分肯定並高度評價這份百年大報在新時代旗幟鮮明發出正面聲音，凝聚社會共識，為維護香港社會穩定、增進香港與內地交流、促進人心回歸作出的貢獻；希望《大公報》不斷擴大傳播力和影響力，為「一國兩制」實踐行穩致遠、為實現中華民族偉大復興的中國夢書寫更為精彩的時代篇章。

　　這既是向《大公報》和所有愛國愛港媒體發出的響亮號召，也是向整個香港社會和全體香港同胞發出的殷切召喚，為香港更好融入國家發展大局，實現長期穩定繁榮發展指明了前進方向。

　　身為愛國愛港的新一代，筆者相信，香港當前正處在從由亂到治、邁向由治及興的關鍵時期，社會各界一定會牢記總書記的諄諄囑託，繼續弘揚愛國傳統，銳意創新發展，踔厲奮發，砥礪前行，在新起點上再

創新輝煌。

　　青年是民族的希望，亦是社會美好未來的創造者和持份者。《大公報》一直積極聆聽青年人的聲音，更開設「青年有話說」專版。筆者作為全國青聯委員、香港菁英會主席，亦多次向專版投稿，希望把青年人真實的思想、訴求引入大眾視野，並傳遞予特區管治團隊，讓香港青年最關心的問題，得到聆聽並推動有效解決，讓更多的青年在實現自身價值的同時，積極為特區和祖國的建設貢獻力量。

　　李家超在政綱中重點提到要增加青年上流機會，制訂青年政策和青年發展藍圖，為青年創造更多機遇，民政及青年事務局亦即將成立。新一屆政府對青年人的重視不言而喻。筆者希望《大公報》能繼續為港青發聲護航，民政及青年事務局可為青年發展提供更多幫助。

　　風雨多經志彌堅，關山初度路猶長。今年不但是《大公報》創刊120周年，還是香港回歸祖國25周年。衷心祝願《大公報》不斷發展，繼續弘揚愛國傳統，為「一國兩制」行穩致遠，為中華民族偉大復興作出新的貢獻。

（作者是全國青聯委員、香港菁英會主席）

三代人的《大公報》情緣

陳冠宏

凌晨，我拿着有溫度的《大公報》……

作為一個「發行佬」，我拿到的《大公報》，都是帶着溫度和墨香的。

每天凌晨，當報紙由印刷廠「出世」，接下來的就是我們「發行佬」的工作了：貨車司機先從印刷廠把一紮一紮的報紙運到市區，接着由報紙分發員接手，在中環、灣仔一帶的分報點，嫻熟地按照Ａ、Ｂ、Ｃ疊的順序，快速理好，然後再交付給報販，或者轉運報攤和便利店……當大多數市民還在酣睡的時候，新鮮出爐的日報就按照這樣的程序擺放在報攤和便利店的貨架上。

說起來，我和《大公報》的緣份可以說是「天生」的。我的祖父早在上世紀六十年代已在中環經營報刊發行，代理《大公報》的發行，及後由我父親、母親接手，十多年前，當我從海外學成歸來，隨即接棒，傳承與《大公報》之緣份。

大概是六、七歲吧，一個凌晨，忘記了是什麼原因，父親帶同我前往灣仔軒尼詩道國華商業大樓，等待「出紙」，詳細的場景已隨年月長久而淡化，但今天依然清晰記得的是，當時拖着爸爸的大手，好奇地摸過仍然溫熱的《大公報》「頭輪紙」。及後，爸爸帶着我前往中環德輔道中的電車路，觀看一眾夥計熱火朝天地疊報、分紙的畫面，這一幕成為我進入報刊發行業的啟蒙。

因為家業的關係，家中每天都有當天不同的報紙，令我自幼已習慣報紙油墨之香。而識字之後，對《大公報》尤感親切，因為當時覺得這

份報紙名字起得好，「大公」二字易記易認，遂成為我記憶中第一份報紙的名字；及後年歲漸長，也曾遍覽群報，若說對於中國文字、文化及國情的興趣和投入，除了長輩的叮囑之外，離不開眾多報紙副刊的薰陶，當中自然少不了《大公報》的「大公園」和「小公園」。

今年是香港回歸祖國二十五周年。猶記得二十五年前，香港回歸當天，爸爸接了一份重要工作——將當天所有的香港報紙包括《大公報》，每家報紙百多份，第一時間運上內地。當時父親顯得頗有壓力，一直在旁監督，從頭到尾跟進，更和夥計們一起疊報、分發和運送，幸喜最後及時順利完成。這也是我們「發行佬」當年喜迎香港回歸的一種參與吧。

回望過往點點滴滴，即使傳媒不斷發展，網絡日新月異，但是報紙始終都有讀者，而報館和發行公司的關連依然緊密，我與《大公報》的緣份更為深厚。

作為香港報紙發行業的一員，我深知《大公報》過往一百二十年的不易與艱辛。《大公報》百廿年來走過無數風風雨雨，時至今日不僅屹立不搖，更成為愛國媒體之標桿，實在離不開無數有志之士的背後辛勞和眾人之智。

值此時刻，能向《大公報》說聲「生日快樂」，實在與有榮焉。期待《大公報》的一百三十、一百四十周年時創造新的輝煌，也祝願祖國繁榮昌盛、香港繁榮穩定。

（作者是報紙發行從業員）

以文章報國　爲興港發聲

李宇陽

　　《大公報》在1902年創刊，作為全世界歷史最悠久、連續出版時間最長的中文報紙，《大公報》自創辦之初便一直秉承「忘己之為大，無私之謂公」的宗旨，始終與國家同呼吸，與民族共命運，筆錄歷史，文章報國。「一部新聞史，半部在大公」毫不誇張地說明了其地位與作用。

　　中共中央總書記、國家主席、中央軍委主席習近平日前致信祝賀《大公報》創刊120周年，希望《大公報》不忘初心，弘揚愛國傳統，銳意創新發展，不斷擴大傳播力和影響力，為「一國兩制」實踐行穩致遠、為實現中華民族偉大復興的中國夢書寫更為精彩的時代篇章。總書記的賀信，既是對《大公報》提出的殷切期望，和對所有愛國愛港傳媒的深情勉勵及巨大鼓勵，也是對整個香港社會各界和全體香港同胞的殷殷囑託。

　　120年來，《大公報》櫛風沐雨，砥礪前行，「立言為公，文章報國」，持續發揮輿論先導作用。生於憂患年代，親歷並記錄從軍閥混戰、抗日戰爭、解放戰爭、新中國成立、改革開放、香港回歸等一系列重大歷史事件，可謂見證、記錄、參與、推動了中國近代史的進程。時至今日，《大公報》依然是植根於民、立言為公的政經大報。

　　無論香港回歸前後，面對港英政府的打壓，還是黑暴分子的威脅恐嚇，《大公報》始終旗幟鮮明地凝聚社會各界共識，堅定地站在國家和人民的立場，正義凜然，堅守信念，傳遞正確聲音，發揮愛國愛港的「輿論旗幟」作用。公正、客觀、持平地真實記錄「一國兩制」在港澳實

踐，充分利用立足香港，背靠祖國、面向世界的獨特優勢，講清講好講通中國故事、香港故事，為香港長期繁榮穩定作出重要貢獻。

香港作為多元社會自然需要不同傳媒聲音，新聞自由亦受基本法保障。但長期以來，香港社會卻一直存在着一股以假借新聞自由、引用傳媒「第四權」的輿論力量，在宣傳反中亂港方面興風作浪，並引起不小反響。中聯辦主任駱惠寧表示，總書記對《大公報》未來發展提出的殷切期望，也是對所有愛國愛港傳媒的深情勉勵。在香港這個多元社會，尤其需要愛國愛港傳媒堅持真理、激濁揚清。

媒體監察政府、反映民意是責任，但善用新聞自由的前提是不應該出現危害國家主權、安全和發展利益的事情。誠如候任特首李家超表示，「只要不違反法律」，本港「新聞自由空間無限」，相關標準與世界其他國家一致。

筆者在《大公報》撰寫時事評論文章已近三年，我想每一個愛國愛港人士都是真心希望香港，希望祖國會越來越好。在香港步入新階段、邁向新時代，文字的力量不容小覷，輿論將繼續為「一國兩制」實踐行穩致遠發揮重要作用。筆者定會牢記總書記的囑託，與愛國愛港傳媒並肩同行，積極傳遞正面聲音，努力團結社會各界力量，新時代下，為維護香港長期繁榮穩定，為推動「一國兩制」行穩致遠，繼續發揮輿情作用，以文章報國，為興港發聲。

（作者是香港青年時事評論員協會成員）

以媒為錨　護港遠航

——寫在《大公報》創刊120周年之際

鐔　言

在香港即將迎來回歸祖國25周年的重要時刻，中共中央總書記、國家主席、中央軍委主席習近平日前致信祝賀《大公報》創刊120周年，充分肯定百年大報在各個歷史時期特別是新時代作出的積極貢獻，並提出「弘揚愛國傳統，銳意創新發展，不斷擴大傳播力和影響力」的殷切希望。總書記的諄諄囑託，既是對《大公報》等愛國愛港媒體最響亮的號召，也是對整個香港社會和全體市民最真摯的寄語，為新形勢下香港長期穩定繁榮發展指明了方向。

曾幾何時，香港面臨社會輿論的「黑暴」時刻，反中亂港言論甚囂塵上，「黃媒」「黑記」猖狂流竄，全體港人深受其害。滄海橫流方顯英雄本色，面對回歸以來最嚴峻的局面，《大公報》等一眾愛國愛港媒體以「立言為公，文章報國」的錚錚鐵骨鑄魂亮劍，堅定不移守護愛國陣地、弘揚法治正義，旗幟鮮明發出正面聲音、凝聚社會共識，為止暴制亂、滌蕩陰霾、推動香港由亂到治發揮了中流砥柱作用。

重整行裝再出發，揚帆起航正當時。當前香港正處在從由亂到治邁向由治及興的關鍵時期，亟需進一步釐正社會長期以來積非成是的錯誤觀念，大力弘揚愛國愛港的凜然正氣，繼續為促進經濟社會新發展吹響輿論號角。香港媒體作為「一國兩制」事業的記錄者和貢獻者，有義務有責任繼續以筆為矛、激濁揚清，推動香港社會團結一心再譜新篇。

香港聯通中西、媒體發達，是外國媒體安營興業的熱土，駐港外媒同樣是「一國兩制」的重要持份者。一個風清氣正的輿論環境不僅需要

港媒積極建設，也需要外媒共同創造。新聞自由素來是香港的亮麗標識，受到基本法切實保障，外媒只要真心實意理解和支持「一國兩制」，在法律框架內拉長包容多元的半徑，就能畫出維護香港繁榮穩定和港人根本福祉的最大同心圓。這應是駐港外媒的責任所在、利益所向，也是國際社會客觀準確了解香港和中國的必然要求。

令人遺憾的是，個別外部勢力在香港國安法實施後蔑稱「香港新聞自由已死」云云，並通過所謂的報道、調查報告、國際排名等手段炒作「寒蟬效應」。但事實勝於雄辯，我們看到的是在港媒體數量不降反升，政府新聞處登記的媒體機構由2018年的159家增加到2021年的207家；我們看到的是外媒在港運行如常，有的還着眼未來機遇擴充人手；我們看到的是媒體再也不用擔心採訪報道期間被暴力干擾了。事實充分說明，香港新聞自由在法治軌道上得到更好保障，包括外媒在內的在港媒體獲得更加安全穩定的投資運營環境。少數人高調上演「吃飯砸鍋」戲碼，不是心裏有鬼就是別有企圖，但他們的「小動作」絲毫撼動不了香港新聞自由、政治多元的鐵的事實，阻擋不了香港趨穩趨治的時代大勢。

行政長官林鄭月娥在《大公報》創刊120周年慶祝活動上指出，在當前來之不易的穩定環境下，媒體的角色更顯重要，更要自覺維護國家安全，遵守法律，主動向社會傳達有關國家安全的信息，為廣大讀者和觀眾提供正確、全面、不偏不倚的資訊。

候任行政長官李家超強調，只要不違反法律，新聞自由空間無限。他指出，新聞工作擁有公民社會力量，也因此有重要的社會責任。新聞工作向專業化發展，去蕪存菁，不僅是公信力使然，更是行業責任使然、新聞道德使然。

香港的大門始終為關心和支持「一國兩制」事業的國際持份者打開

，外媒享受自由開放新聞環境的同時，也應以實際行動守法護法，尊重特區依法施政，向世界傳遞真正的中國故事和香港故事。那些無端造謠生事、攻擊抹黑國家和香港特區、為反中亂港分子撐腰張目的雜音噪音，不僅背離新聞職業道德，更會遭到香港市民和國際社會的一致唾棄！

　　媒體是社會發展的「傳聲筒」，更是時代進步的「瞭望哨」。總書記致《大公報》賀信中的段段寄語點明了香港媒體的使命擔當。相信絕大多數明是非、有遠見的駐港外媒定會把握機遇、履行職責，與香港社會一道擦亮新聞自由的名片，助力「一國兩制」的航船行穩致遠。

（原載《大公報》評論版）

▲2020年6月30日，全國人大常委會全票通過《中華人民共和國香港特別行政區維護國家安全法》。香港國安法成為香港穩定繁榮的定海神針，有力打擊反中亂港分子。

四十載的文字緣

東　瑞

　　讀「我與大公報」欄目，得知《大公報》已創刊一百二十周年，經歷數代人；到郵局寄信，猛然看到牆上張貼着香港郵政發行《大公報》創刊一百二十周年特別郵票的海報，一時感觸萬千，回憶的河水迅速倒流。其他方面我不敢說，如果說起與《大公報》的文字緣，我倒是有點資格。

　　如果從上世紀七十年代末算起，與《大公報》的文字緣份，已逾四十年。

　　一九七二年，我和妻子剛剛踏上香港這塊福地，人生地疏，舉目無親，工作無着，心情彷徨；於是業餘寫稿，聊以自慰。我很希望以文字的突破來改變命運，花了好幾年，日以繼夜地拚命，陸陸續續寫成了二十幾萬字的長篇小說《出洋前後》。一九七八年大膽寫了一封自薦信，將整部書稿寄到《大公報》副刊，出乎意料地很快收到編輯部即將連載的回覆，令我驚喜萬分。這部小說連載了十個月。由於該書內容寫的是華人出洋的血淚史，淡化政治，帶有歷史的普遍性，先後獲在香港、內地和台灣出版了三種版本。

　　記得香港版當時是與香港三聯書店簽約，內地版由四川文藝出版社出版，還請老作家艾蕪寫序；台灣版前幾年由金門文化局李錫隆寫序後出版。這一切，如果不是先在《大公報》小說版連載的影響力，很難辦到。一家有那麼長報齡的老報紙，向一個毫無名氣的陌生小作者伸出溫暖的大手，給予關愛和支持，我無法不感動和感恩。這件事，從此鼓勵了我在文字創作路上馳騁半個世紀，《大公報》可說是我漫漫文學長路

上的引路人。它也讓我感悟到一份歷史名報對於文學開拓、新人培育的重要。

那之後，《大公報》成了我工作和生活中不可或缺的報紙。八十年代，我在三聯書店工作，書籍需要評介，我有不少評介圖書的稿件就投給《大公報》的「讀書與出版」副刊刊出；後來大公評論版約我寫稿，我說不擅寫政論，編輯說可以寫文化評論，這文化的涵蓋特別廣，我生怕批評得罪人或被人對號入座，當時用了「上官泰芙」這個比較特別的筆名，引起種種猜測。在該版一寫十幾年，還從中選萃由香港藝術發展局資助出版了《香港文化淺談》。

在評論版撰稿告一段落後，與《大公報》的緣份沒有中止，我開始又在每周一次的「文學」周刊、天天見報的「大公園」副刊投稿。上世紀九十年代中期到二十一世紀初期，紙質報紙發生骨牌效應，許多晚報停刊，存活的，報紙上的小說版或副刊也陸陸續續消失，原有五家具有影響力的文學副刊或周刊都陸續遭停刊，只有《大公報》的「文學」版堅持了下來。文學版的幾位編輯一直刊用我的小小說和散文，而且不時放在顯目的位置，令我受寵若驚。我很喜歡該版的編排，嚴肅活潑兼具，因此也常常把自己較為滿意的小小說投過去。這些小小說後來也成為我參賽、結集成書的重要稿源。幾任編輯認稿不認人，依然不因為我無甚大名氣而計較，實在令我感動不已。

這樣，驀然回首，世事滄桑，我在不同版面以文字結緣《大公報》，不知不覺竟接近半世紀了。這幾十年中，《大公報》館地址，也從灣仔軒尼詩道的國華大廈搬到北角健康東街的柯達大廈，再搬到香港仔田灣海旁道的興偉中心。記得在軒尼詩道是和新晚報同一座樓，交稿的時候，還見過新晚報老總嚴慶澍（名作家阮朗）。我的稿件也從原稿紙上

用手書寫「進化」到電腦打字、電郵發稿。

　　在《大公報》創刊一百二十周年的日子，回顧昔日歲月如過電影，幕幕動心。那些年，我給很多報紙的副刊寫稿，沒有一家讓我這樣堅持，也許因《大公報》也派發到港九部分地區屋邨的關係，不少朋友常常取閱，時有打電話或發訊息來告知讀到我的文章。至於好幾位有文字來往的編輯，無論年歲多少，我都很欽佩尊敬。誰說編輯只是園丁，他們還是無私的文友和師長呢。

（作者是專欄作家）

▲文藝副刊「大公園」歷久彌新，今天仍和讀者見面

▶《大公報》上世紀初的「文學」周刊

長河浩蕩　俊采星馳

吳　捷

　　優秀的媒體應像一座舞台，有胸襟海納百川，有膽識獨樹一幟，給記者、編輯施展才華的寬廣空間。它也應如一枚運載火箭，將作者發射到未知的領域，推送入自由的維度，激發其潛能，振奮其精神，因緣際會，成就傳世之作。一家報館，兩個甲子，現代史中的《大公報》舞台繽紛，維度多元，作者群星璀璨，健筆縱橫。

　　許多記者、作家、畫家的事業從《大公報》啟航。蕭乾愛好文藝，自覺生活經驗太淺，遂選擇新聞業體驗人生。一九三五年七月加入天津《大公報》編輯「小公園」，總經理胡政之讓他放手改版，又派他去魯西報道水災，去滇緬公路工地採訪。胡政之如圍棋大師，善於縱觀全局，於不經意處布一着先手。他看出歐洲大戰一觸即發，採訪機會千載難逢，極力勸說並資助蕭乾赴英。蕭果然在歐洲大顯身手，躲空襲，寫通訊，開《大公報》倫敦辦事處，隨反攻盟軍經法入德，採訪波茨坦會議、紐倫堡審判，還在劍橋大學讀了兩年英國文學。《大公報》成就了蕭乾的記者事業和日後的翻譯生涯。

　　蕭乾去魯西是與畫家趙望雲同行。蕭乾自傳《未帶地圖的旅人》回憶，趙氏出身貧寒，不忘農村，彼時正為國畫尋找新方向，此行正實現其理想：「反映民間疾苦，用國畫為飢民呼籲。」採訪圖文刊發後大批捐款匯到報館。趙望雲此前已與《大公報》合作愉快。一九三二年他去冀南以百姓生活為題材寫生，次年《大公報》為他開設「農村旅行寫生」專欄，連載十五輯共一百三十幅。翌年報社又請他去塞上作畫，匯編為《趙望雲塞上寫生集》。《大公報》為趙望雲的探索和理想提供了機

會。

　　與蕭乾加入《大公報》同年同月，范長江從成都出發，開始他後來轟動全國的西北旅行。范此前欲去鮮為人知的西北探險，刊登啟事尋求資助。《大公報》總編輯張季鸞早已賞識范的才華，聘其為報社特約通訊員，助其成行。范長江於川西、甘肅、青海等地行走六千餘公里，所寫通訊於《大公報》連載後輯為《中國的西北角》，風行一時，至今仍為考察西北史地、民族、民生的經典。

　　舞台、火箭需加以作者的才學，方可成就傑作。蕭乾為自己的通訊合集《人生採訪》自序說，他的野心是「把新聞寫得有點永久性，待時過境遷後還值得一讀。」什麼樣的通訊有「時間防腐劑」？好通訊首先應是好文章。一味白描情景，失之膚淺；堆砌資料名詞，徒增人厭；空發議論感慨，難免乏味。須有才、有學、有情，情由景生，論因事發，文字清俊，邏輯明晰，氣韻和暢，學識與趣味交織，淵博共幽默相濟，圓美流轉，方為佳作。

▲《大公報》著名記者蕭乾著《人生採訪》。

▲《大公報》著名記者范長江所著《中國的西北角》初版，後來加印七次，一時洛陽紙貴。

　　蕭乾的《魯西流民圖》、《血肉築成的滇緬路》於苦難百姓群像中選取數幀，以悲憫之心勾勒出人民的淳樸和犧牲；歐洲通訊《虎穴的衝擊》論開闢歐洲第二戰場的意義；《瑞士之行》不寫湖光山色而探討瑞士繁榮之因，以資參考；《紐倫堡訪獄》因見美國黑人士兵，敏銳預見到「如何使走出國門的黑人回去仍甘受歧視，是一嚴重問題」（十年後美國民權運動勃興，要因之一即黑人退役軍人的不滿）；《從德奧沿意瑞邊境到巴黎》寫戰後百萬美軍士兵滯留歐洲，讚賞軍方為之提供教育和健身機會，並捅出法國虐待德國戰俘內幕。他挖掘、思考，出之以文采，使作品有了超越時間的魅力。

　　范長江西北通訊文白交融，論述波瀾迴盪，讀來琅琅上口。他考察西北民族關係，建議調整民族政策，指出在東亞國際爭端集於中國時，民族矛盾尤易予外國可乘之機。見沿途農村凋零，城市沒落，餓殍遍地，鴉片氾濫，他質問「誰實為之？孰令致之？」他是有情之人，卻點到為止：「生於亂離之世，不死於槍炮，亦喪於徭役，哀我農民，奈何無自救之方也。」其通訊於記述見聞之餘縱談歷史風俗，引用典章札記，考證地形水文，旁涉經濟民生，預測地區走勢，每篇都是情、景、史、論的高度綜合體。

　　蕭、范行程強悍，記錄翔實，思考深邃，文字精純，一如古希臘色諾芬的《遠征記》與古羅馬凱撒的《高盧戰記》，雖時過境遷卻歷久彌新。二十一世紀，報道和接收資訊的方式已迥異從前。在人人可記錄、發布的時代，媒體和記者的角色是什麼？媒體依然可以是舞台和火箭，有胡政之、張季鸞的識人之明、布局之策，給作者放手創造的機會與空間，更助他們飛躍到自己不曾想像的高度。作者仍應如趙望雲走進民間，如范長江深入一線（未必是荒野或戰場），長期關注某一領域，創作

有才、有學、有情之作品。蕭乾晚年序重版《人生採訪》：「當記者不作興專找舒服地方，他什麼都得經歷一下……憎惡權貴，反對壓迫，尊崇理性，嚮往真理，為此……我的筆曾被奪走，我也曾被流放過——對我來說，那都是人生的採訪。」

范長江西北通訊之一《過大雪山》論涪江：「欲成大河者必長其源，欲成大事者必固其基。源愈長則此河愈有浩蕩奔騰之日，基愈固則人生事業愈不可限其將來。」大公報這條大河已奔騰一百二十年，誠願河水長流浩蕩，願作者固其根基，共創不可限量之未來。

（原載《大公報》「大公園」）

▲范長江西北行閃電式訪問延安，這是當時所攝的女紅軍。

▲范長江（右一）與台兒莊大戰的中國將領留影。

▲范長江（左一）當年考察西蒙，在額濟納與當地的圖王合影。

大公情緣

沈 言

六月十七日，《大公報》一百二十華誕，朋友圈被刷屏了。作為現存歷史最悠久的中文報章，在中國乃至世界報業史上佔有舉足輕重的地位。於我而言，《大公報》則是個人職業生涯的起點，更有許多生命中無法隨風而逝的往事記憶。

遙想當年，以新聞政策研究作為博士論文選題，因着滿腹熱忱，憑着一腔孤勇，博士畢業毅然投身媒體，由校園步入職場尋夢。有機會以大公報作為傳媒夢開始的地方，與全球最長壽的華文報章結緣，可謂幸莫大焉。

受僱的起始日期是某年元旦，以致那一年的元旦在新年新氣象之外，更多了一層正式步入社會的儀式感。在憧憬與期許下，我來到社長辦公室從事文字工作，從此開啟了非典型傳媒生涯。領導布置的第一個任務是報業集團研究，對於寫慣論文的我而言自然並非難事，但若按照傳媒工作的高效要求，卻是「慢工出細活」的一種挑戰。以致領導兩度查詢進度，我均以尚在研究之中回覆，現時回想彼時那副老神在在的樣子，真是「初生牛犢不怕虎」。所幸最終交到令人滿意的功課，連領導也予以肯定，總算是為日後的研究工作開了一個好頭。

在社辦文字工作的崗位上，專注媒體研究、文稿寫作、報業觀察和輿情分析，成為我工作的日常。那些年，參與撰寫世界中文報業年會、全球文化產業論壇等文章，以及活動講稿、書刊序言、社評、研究報告，還負責編寫三種內部刊物，且兼及大型項目策劃和書刊編輯，每一天都充實而忙碌。經過長達五年的淬煉，我實現了從校園到職場的平穩過

渡。

雖然自知在幕後與文字打交道才是我所長，卻也無法遏抑衝上前線的內心躁動。初來乍到之際，便自動請纓往編輯部實習，獲領導答允以三個月為限體驗港聞記者與要聞編輯工作。於是興沖沖開啟臨記與小編生涯，前半段遊走港九新界採訪香港新聞，後半段坐守報館大樓編輯要聞版面，讓尚欠磨煉的肉身實打實體驗了一把記者風雨無阻的鬥志和編輯捱更抵夜的耐力。自此以後，對報館的實際運作也略知一二，不再是霧裏看花、水中望月了。

大公五年，既經歷了個人成長的關鍵階段，也參與了見證時代的重要時刻，留下彌足珍貴的歲月印記，伴隨至今。在「忘己之為大，無私之謂公」的辦報宗旨下，那是搶險救災、援建汶川的赤子情義，那是塑造中國形象、傳遞中國聲音的不懈努力，那是團結香港社會各界、支持「一國兩制」事業的不渝初心……猶記得，曾經有份參與《香港回歸十年誌》叢書策劃扮演龍套角色的我，在某次公司年會幸運抽中大獎即這套書的雀躍心情，迄今視若珍寶。

創刊於天津的《大公報》與南開大學，同為「天津三寶」之一，以致我總是覺得南開求學與大公從業的經歷是命運的神奇安排。即使後來離開《大公報》，卻始終以「大公人」自居。再後來，筆耕一方園地，記錄那些年的所見所聞，抒發那些年的所思所想。

適逢大公百廿華誕，回想一百二十載的櫛風沐雨、砥礪前行，追憶雙甲子歲月的筆錄歷史、文章報國，不免心情激盪。藉此園地，衷心祝願大公報再創輝煌、賡續榮光。

（原載《大公報》「大公園」）

消失於硝煙中的戰地記者方大曾

屈穎妍

經歷過二〇一四年非法「佔中」和二〇一九年「黑暴」，大家一定明白真相有多重要，而報道真相、留住真相、廣傳真相，甚至將真相紀錄成歷史，靠的，就是記者。

從前，記者有無冕皇帝稱號，大家用「鐵腳、馬眼、神仙肚」來敬佩記者，但自從蘋果日報出現，改變了傳媒生態、改變了記者的做事手法、改變了新聞的價值觀，令香港人開始害怕記者，甚至鄙視記者。我作為一個傳媒人，也是曾經的前線新聞工作者，看到社會大眾對記者漸漸失去尊重，實在可悲。

六月十二日，我參加了《大公報》一百二十周年報慶活動，當天除了冠蓋雲集，最讓我印象深刻，是現場的展板。那些展板，簡介了大公報這份中國歷史最悠久的報紙，亦是全世界連續出版時間最長的華文報紙所走過的路。而毛澤東主席著名的一幅親筆題字：「為人民服務」，原來就是送給《大公報》的。

在當天的展板中，我看到八個文章救國的故事，原來，抗戰期間，大公報有很多戰地記者，以筆和攝影機，出生入死，在烽火連天中記錄歷史。有記者甚至跟隨紅軍長征隊伍，沿途報道。

其中一位展板中介紹的《大公報》記者，就是在「七七事變」後第一個抵達現場的中國記者，而他，就是我今天想同大家分享的故事主角。

一九三七年七月七日，日軍向河北省的盧溝橋發動進攻，國民政府第二十九軍奮力抵抗，中華民族的抗日戰爭正式開打。

打仗，從來都有兩個角度，在中方影過去，跟日軍那邊影過來，可

以是完全不同的畫面，所以，戰地記者好重要，要令世界知悉日軍侵華的真相，就要靠穿梭於戰場的記者。

於是，「七七事變」開始後三日，即一九三七年七月十日，一個住在北平、身材高大的青年，背着相機，拿着記者證，走出家門，隻身穿越一路的炮火，來到盧溝橋一帶。

到埗才發現，日軍已將戰場封鎖，在盧溝橋外圍了個大圈，不讓中國記者進入。因為這年輕人手持的是印有中英文字樣的證件，在接受了一小時盤查後，日軍終於放行。根據國際公約，記者和醫生在戰爭中是可以得到保護，通行無阻的。於是，這位年輕人就成了盧溝橋事變後第一個抵達現場的新聞記者，也是唯一親身記錄「七七事變」的中國記者，他的名字叫——方大曾，他寫戰地報道的筆名叫「小方」，他用手上的相機和鋼筆，記錄了中國現代史上最重大時刻，向世界發出了關於「七七事變」的第一篇戰地報道。

方大曾當時是中外新聞學社及全民通訊社的攝影記者，亦是《大公報》戰地特派員，他經常隻身遠赴前線採訪，然後將照片和文字報道交給各大媒體。

當年，方大曾拍下了日軍侵略的暴行，寫成著名報道《盧溝橋抗戰記》，除了在報紙刊登，也在上海《世界知識》雜誌、《良友》雜誌、英國的《倫敦新聞畫報》等國內外媒體發表，這些圖片和文字，從此成為非常珍貴的歷史資料。

一九一二年，方大曾出生於北京一個家境很好的家庭，父親是外交官。小學時，母親用七個大洋買了部照相機給方大曾，從此，相機便成了他形影不離、患難與共的好夥伴。

方大曾鏡頭下的影像總是與別不同，那個年代，能擁有相機，當然

會用來拍漂亮照片，或者風花雪月題材。但方大曾就剛剛相反，他喜歡真實、樸素的畫面，例如拉黃包車的車夫，做苦力的工人，故他的作品別樹一格，亦為時代留下很多當年中國真實的勞苦大眾畫面。

為了方便曬相，方大曾在家中院子角落以木搭建了一間黑房，每次出差回來，都會躲在黑房沖曬，也因如此，他好多作品都留了在家，並得以傳世。

後來，方大曾更拿着照相機在大江南北奔走，隨軍打仗，吃盡苦頭，但他的鏡頭也為後世人記錄大量戰爭真相。

方大曾在中法大學唸經濟系，畢業後到報社工作，因為英語出色，相片常被外國媒體收錄。一九三六年，方大曾去了天津當《大公報》記者，從此更加忙碌。

去盧溝橋前線採訪，其實並不是方大曾第一次單人匹馬赴戰場。根據妹妹方澄敏回憶，在「九一八」事變後，哥哥就天天東奔西跑，永遠都在旅途中，他總是帶着一把雨傘、一條毛毯、一個背包、一部照相機，就離家出發採訪去。

▶《大公報》戰地記者方大曾於1936年拍攝的抗戰現場圖片。

一九三六年十一月，即盧溝橋事變發生前，最受關注的綏遠抗戰爆發，方大曾當時就由北平隻身趕往綏遠前線，開始了長達四十三天的採訪。

十二月的塞外寒冬，氣溫只有零下三十多攝氏度，方大曾乘車、騎馬、徒步，日夜兼程採訪，拍攝了數百張照片，寫成《綏東前線視察記》等多篇戰地報道，記錄了士兵挖戰壕、擦機槍等備戰場景，亦報道了軍官對抗戰的思考與保家衛國的熱誠。

之後的「七七事變」、南口戰役，方大曾奔走於保定、石家莊、太原、大同等地，冒着槍林彈雨，一次次深入戰場，哪裏有戰爭，哪裏就有他的身影。

一九三七年七月二十九日，北平淪陷，方大曾有家歸不得，於是轉而為上海《大公報》擔任戰地特派員。

在南口戰役，方大曾寫了篇通訊《血戰居庸關》，記錄了中國守軍肉搏日軍坦克的悲壯：「第七連連長帶着兩排人跳出陣地衝向坦克車，他們衝到這鐵怪的眼前……不顧一切地攀上去，把手榴彈往窗口裏丟，用手槍伸進去打，以血肉同鋼鐵搏鬥，鐵怪不支倒地，居然敗走……兩排勇敢的健兒雖然死了一半，但我們終於獲得勝利。」方大曾不單記錄了戰鬥之慘烈，亦報道了中國軍人鬥志之高昂。

戰局動盪，一九三七年九月，因河北省的保定戰況好緊張，方大曾退到距離保定東南約五十公里的蠡縣，九月十八日，他從這裏向上海《大公報》交了篇通訊稿《平漢線北段的變化》，又寄了封信給住在邯鄲的親戚，他說：「我將由蠡縣繼續北上」。

一九三七年九月三十日，方大曾的《平漢線北段的變化》在《大公報》上發表。但這篇文章，就像一封遺書，從此，再沒有人收到來自方

大曾的片言隻字，或者半張照片，這位背着相機的年輕身影，從此消失於硝煙炮火中，無人再有他的消息，也無人再見過他的影蹤。

方大曾的生命定格在二十五歲，而他跟這個世界亦失聯於一九三七年。方大曾是一九三七年第一個到達盧溝橋的中國記者，他拍下第一張抗戰圖片，但他也是全面抗戰之後第一位殉國的戰地記者。

鏡頭轉到北京，在東城區協和胡同十號，這裏，是方大曾的家，一九三七年七月，他從這個家門離開後，就再也沒回來了。

方大曾失蹤之後，方媽媽一直不肯搬家。方大曾的外甥回憶：小時候我常問外婆，人人都搬新屋了，咱們怎麼不搬？外婆說：「我不搬，我要等我兒子、即是你舅父回來，因為我跟他約好，他工作完了，就會回來。」

結果，方媽媽，就在這老屋等了三十二年，直到一九六九年離世。

方大曾的妹妹方澄敏一直悉心保存和整理哥哥留在家裏的攝影底片，整整齊齊放在一個木盒中，歷經戰火和動盪，這木盒跟隨方澄敏由少女時代走到白髮蒼蒼，她過世前，又將木盒託付給家族的下一代。

二〇〇六年，方家第三代後人將精心保管了近七十年一共八百三十七張方大曾攝影作品的底片，無償捐給中國國家博物館，這些珍貴影像和史料終於找到最好的歸宿，成為社會共同財富。

二〇〇〇年七月，紀錄片《尋找方大曾》在中央電視台播出，導演馮雪松自從發現方大曾的故事後，一直沉迷於搜尋這戰地記者的事跡，先後出版了《方大曾：消失與重現》、《方大曾：遺落與重拾》等專書。

二〇一五年七月七日，「方大曾紀念室」在河北保定落成。三年後的七月七日，國家再在此地成立了一個「方大曾研究中心」。

去年，一部由廣電總局策劃、慶祝中國共產黨成立一百周年的獻禮系列短劇《理想照耀中國》，其中一個單元就叫《我是小方》，說的就是方大曾的戰地犧牲故事。

鐵肩擔道義，健筆為家國。八十五年過去了，我們今天能知道歷史的來龍去脈，全靠當日好多在烽火中衝鋒陷陣的戰地記者，他們用生命為後世記錄歷史，當中包括二十五歲就消失在這世上的方大曾。

（原載《大公報》「大公園」）

▲頭戴鋼盔的方大曾，這是他從綏東前線寄給母親的照片。

▲方大曾是報道盧溝橋事變的第一人。

▲2019年，《大公報》憑「HPV疫苗陷阱」系列報道，囊括香港報業公會香港最佳新聞獎「最佳獨家新聞」和「最佳新聞報道」兩項大獎。

2019　　　　　　　　　　　**2020**

▼《大公報》憑「新冠檢測睇真D」系列奪得「2020年最佳獨家新聞」亞軍，連續第二年在獨家新聞報道方面取得佳績。

▲2021年，《大公報》第三年摘下「最佳獨家新聞」，憑「覓地建屋反思」系列再奪冠軍。

2021

▼《大公報》年輕記者伍軒沛採寫的「疫區現場直擊」、「復活非遺」系列等多篇報道獲得好評，奪得「2021年報業公會最佳新聞獎最佳新人」冠軍。

大公，天下爲公

─《大公報》與孫中山

丘樹宏

「忘己之爲大」、「無私之謂公」，遂成「大公」；大公者，天下爲公也。

「忘己之爲大」，
「無私之謂公」，
大公，你的初心，
大公，我的初衷。
大道之行也，
天下爲公。

▲1966年《大公報》在頭版報道孫中山誕辰一百周年港澳人士舉行的紀念活動。

黃河是我的血液，
長江在你心中奔湧；
泰山是我的骨架，
長城在你心中高聳。

你爲推翻帝制日夜嘔心瀝血，
我爲國家富強日夜敲響洪鐘；
我每一個版面都寫着振興中華，
你每一個日子都爲了天下大同。

120

大公報故事

戰火中你是旗幟是民族英雄，

風雨裏我共赴國難呼喚彩虹；

伸張正義恪盡言責我民族氣節凜凜，

屢戰屢敗屢敗屢戰你革命火種熊熊。

為了國家為了人民你心底無私奉獻一生，

忘己無私服務社會我與時俱進正氣當弘。

天地中日月裏銘記永恆的精神，

啊！大公，大公，天下為公！

（此詩原載「大公園」）

▲《大公報》位於天津和平路169號的舊址。

孕育新聞先驅翹楚　紀錄中國時代風雲

天津鬧市小樓　誕生百年大報

　　1902年6月17日創刊於天津的《大公報》，即將迎來它120歲的生日。作為《大公報》的故鄉，《大公報》在天津有三處舊址，在幾次城市大規模改造中，1902年的創刊地及哈爾濱道的《大公報》印刷廠先後被拆除，僅剩下1906年建成投入使用的位於天津市最繁華的金街（和平路）四面鐘一處舊址。由於1957年《大公報》遷至北京，報社便將此處建築無償捐獻給國家。此座二層樓的日式洋樓保留完好，半個世紀以來《大公報》在這裏度過了最輝煌的年代，許多享譽國內外的名記者，包括范長江在此期間成名，無數震撼世界的名作在此處出版。

　　《大公報》記者日前走訪了位於天津和平路169號的《大公報》舊址，這是一幢二層磚混的日式洋樓，地上主體二層外廊式磚木結構房屋，

建築平面近似呈「匚」字形，造型獨特。二層屋蓋採用硬山架檁、三角形木屋架、木檁條、木望板結構，屋面為卷材防水雙坡不上人屋面。外簷牆水泥飾面，上簷精美雕飾，下配多個白色矩形窗，首層入口為券形洞門。現為一家眼鏡店，門口顯著位置懸掛着天津市文物保護單位和《大公報》舊址簡介兩塊漢白玉牌匾。

小洋樓舊址始建於光緒年間

歷經了百年歲月的小樓，儘管經多次改建整修，但在天津市政府的保護下依稀看到當年風貌。「此處《大公報》社舊址建於清光緒年間，建築採用當時常用的材料、技術及設備，且該建築在很大程度上保留了清晚期日租界的建築特點，並且可以體現出當時的建築技術水準。」曾參與《大公報》舊址修繕工作的天津大學建築設計研究院相關人員告訴記者，該建築是天津「小洋樓」文化的重要載體，也是中國新聞史的一

▲《大公報》舊址（右）對面是天津曾經的地標性建築四面鐘。

▲天津和平路《大公報》舊址修葺一新。　　　　大公報記者張聰攝

顆明星，同時是天津「海河歷史文化街區」的重要組成部分，在當代社會中仍然發揮着商舖、辦公、旅遊等重要作用，具有較高的社會價值。

總編工人皆對外自稱「記者」

「1945年燕京大學新聞系畢業後，我就來到天津加入了《大公報》。」已故《大公報》老記者劉洪升曾向媒體回憶，當時《大公報》上至總編，下至工人，全報館的工作人員對外一律自稱為「記者」，就是報館的負責人王芸生也不例外。「為了方便記者外出採訪，當年，報社給每位外勤都專門配給了挎斗三輪車和車伕。我們外勤記者一般上午都在休息，看書報，下午才出發乘各自的專用三輪去採訪。」

「當時報社編輯部的工作幾乎全是夜生活，每晚7時上班，外勤記者趕寫當天採訪來的新聞，編輯則各自審核本欄目的稿件，並隨編隨向樓下的排字房發稿，校對則進行一、二校，一般到午夜時大家便一起到食堂共進一頓夜餐，然後外勤皆可告退，內勤則須等到凌晨二三點審閱大樣後才算結束。」根據劉洪升回憶，因為是在天津辦報，首先要報道天津的政治、經濟、思想、文化，甚至社會風俗，各種人文環境、地理環境都要報道。對宣傳天津，提高天津的知名度，促進天津走向世界、走向全國，起了很大作用。

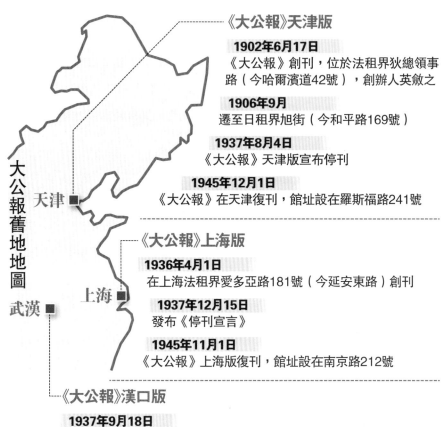

《大公報》天津版

1902年6月17日
《大公報》創刊，位於法租界狄總領事路（今哈爾濱道42號），創辦人英斂之

1906年9月
遷至日租界旭街（今和平路169號）

1937年8月4日
《大公報》天津版宣布停刊

1945年12月1日
《大公報》在天津復刊，館址設在羅斯福路241號

《大公報》上海版

1936年4月1日
在上海法租界愛多亞路181號（今延安東路）創刊

1937年12月15日
發布《停刊宣言》

1945年11月1日
《大公報》上海版復刊，館址設在南京路212號

大公報舊地地圖

天津

上海

武漢

《大公報》漢口版

1937年9月18日
張季鸞率同人從上海來武漢創辦《大公報》漢口版

1938年9月
漢口《大公報》曾向重慶發行航空版，同年12月遷往重慶出版

《大公報》六度遷館　拒向日寇屈服

　　盧溝橋事變後，隨着日軍侵華的步步推進，大公報人六度遷館，義不受辱，發出了「吃下砒霜，毒死老虎」的鏗鏘誓言，絕不在日寇鐵蹄底下出版一天。在抗戰期間，許多報紙因受日軍壓制而不得不停刊，繼續在日寇統治下出版的報紙，則不得不仰人鼻息。《大公報》既堅持出報，又絕不屈從於日寇鐵蹄，從天津到上海，從漢口到重慶，從香港到桂林，無論如何輾轉顛簸，為抗戰的吶喊從未停止，始終昂然挺立，絕不低頭。

**1936年
4月**

鑒於華北局勢日益危急，《大公報》創辦上海版，把經營重心南遷。報紙在津、滬兩地同時發行，行銷全國。

**1937年
7月30日**

盧溝橋事變後，天津危在旦夕，《大公報》剛強不屈，在7月30日刊登社評《天津本報發行轉移之聲明》，誓言：「義不受非法統治之干涉。萬一津市合法官廳有中斷之日，則不論其為外國軍事佔領或出現任何非法的中國人之機關，本報將即日自動停刊。」8月5日，《大公報》天津版停刊。

**1937年
9月18日**

「九一八」事變六周年之際，《大公報》漢口版創刊。《大公報》在漢口組織了規模盛大的抗戰獻金活動，大公劇團組織上演了三幕國防劇《中國萬歲》，四天演了七場，將所得款項全部捐給前方。觀看演出的有田漢、洪深、陽翰笙、邵力子、沈鈞儒、鄒韜奮等人。

**1938年
10月27日**

當天，武漢失守，《大公報》不得不撤往重慶。在漢口的最後一期版面上，編輯部寫下了這樣一段文字：「我們這一年多，實在無成績，但自誓絕對效忠國家，以文字並以其生命獻諸國家，聽國家為最有效的使用。今後到了重慶，而心神卻在大別山邊，在鄱陽湖上。同樣的，在江南，在塞北，在淮上，在粵東，我們永遠與全國抗戰軍民的靈魂在一起。」

**1945年
8月16日**

當日《大公報》社評《日本投降了》回顧了八年來的艱辛。「以本報同人來說，七七變起，平津失陷，我們的津版先斷；八一三事變起，大戰三月，淞滬淪陷，我們的滬版又停；翌年，武漢撤退，我們的漢版遷渝；太平洋戰起，我們的港版淪陷；去年敵軍長驅入桂，我們的桂版也絕。八年來顛沛流離，只剩渝版，堅衛抗戰大局，以迄最後勝利的到來！八年來所想望的勝利到來了，為今日的中國人民真是光榮極了！」

大公報整理

漢口里弄舊址　埋藏歷史滄桑

【大公報訊】記者俞鯤武漢報道：1937年「八一三」事變後，張季鸞先生率同人創辦《大公報》漢口版，張季鸞、許伯萱、曹谷冰先後任總經理，張琴南任編輯主任。館址設在漢口湖北路（今中山大道）漢潤里2號，並於「九一八」事變6周年紀念日正式出版。此後《大公報》在全國率先發聲，報道南京大屠殺事件，留下實證性資料。

八十多年後，《大公報》記者來到此地尋訪舊址。記者沿着漢口主幹道中山大道一路尋至與南京路交界北側的漢潤里街區。漢潤里在中山大道上有一出入口，外牆仿麻石粉刷，與租界西式建築風格保持一致，出口的門洞上方有「漢潤里」字樣。

記者循着門牌號進入漢潤里右側第二條里弄，弄堂最裏面左邊第一間便是漢潤里2號，已經無人居住。記者上前仔細查看，漢潤里2號為兩層建築，木質大門緊閉，用鐵鏈緊鎖，門扇左側有市公房處第二房管所」的紅色標牌。門上油漆脫落、門板裂縫、牆面斑駁，但石庫門結構依舊完整，盡顯歷史滄桑。

◀武漢漢潤里2號為兩層建築，但石庫門結構依舊完整。
　　大公報記者俞鯤攝

上海厚德公寓　搪瓷燈下撰寫名篇

【**大公報訊**】記者張帆上海報道：歷史上《大公報》曾兩次在上海出版。1936年4月1日，《大公報》上海版在上海愛多亞路181號（今延安東路）創刊出版。不久後，抗戰爆發，給有骨氣的文人們帶來深重災難。1937年12月，當時的日軍佔領軍要求各中文報紙須送小樣檢查。《大公報》明確表示，寧肯停版，也不接受檢查，並於12月15日發布《停刊宣言》。

1945年抗戰勝利後，《大公報》上海版於11月1日復刊，館址設在南京路212號，自那時起至1952年北遷，上海《大公報》曾有主要辦公場所和宿舍共4處：經理部、編輯部、總管理處和員工宿舍。南京路的經理部，是最為讀者熟悉的地方，胡政之、曹谷冰、李子寬、費彝民等就在此辦公。

老報人趙鴻鈞先生，生前最喜歡在閒暇時到《大公報》的各處舊址走走，其中，外灘附近的新開河是他常去的。那裏曾有一幢名為「厚德」的六層公寓建築，是他工作過的編輯部所在地。厚德大樓已經在2002年被爆破拆除，原址上建起了古城公園。但樓內樓外的風景，還是留在很多老大公心中：一樓為印刷車間，二樓是排字間和製版房，三樓是編輯部和女子宿舍，四樓是譯電室及部分員工家屬宿舍。編輯部的工作間約60平方米，放着三排1米多寬的長條桌，編輯們兩面對坐，每人頭頂上還有一盞可調節高低的搪瓷燈罩電燈。就是在這些燈光下，很多歷史名篇由此發出，走向世界。

趙先生曾告訴《大公報》，同事間的融洽一直溫暖着他。他進報社

時，接待他的是副總經理曹谷冰，此後兩人雖不在一個地方辦公，曹谷冰還牽掛着這位少年喪父的年輕員工，隔些時候就會差人送個小條子去，上面就寫簡單一兩句話：「鴻鈞兄，天氣要冷了，多注意身體。」

◀當年上海《大公報》編輯部。

◀厚德大樓原址上建起了古城公園。

大公報記者
張帆攝

當年軼事

天津

英斂之借款一萬
建洋樓遷新址

1906年初，《大公報》創始人英斂之接到「館房轉主」的通知之後，立即通過比利時教士雷鳴遠向望海樓教堂借款一萬元，租用「東京建物株式會社」的地皮，自建2層洋樓。同年9月5日遷到新址。該址為《大公報》的第二處館址，地址為原日租界旭街與松島街交口處，現和平路與哈密道交口處，四面鐘對面，門牌為和平路169號，是天津市文物保護單位。

大公報記者　張聰

武漢

張季鸞支援抗戰
捐愛子周歲禮

《大公報》漢口版創刊後，除報道抗戰形勢，更是振臂一呼，號召各界為抗戰籌款。據《人民政協報》，1938年7月7日上午9時，漢口三民路口舉辦盛大獻金活動，曹谷冰代表《大公報》首登台，向籌款箱投入一張千元支票。王芸生代表張季鸞獻上張的獨子張士基周歲生日時親友饋贈的金銀首飾，引全場爆發一片掌聲和歡呼。至12日活動結束，捐贈合計一百多萬元。多年後，張士基表示：「父親為我的禮物找到了一個最理想最難忘的存放之地。」

大公報記者　俞鯤

▲1945年9月20日晚，毛澤東為《大公報》題寫了「為人民服務」五個大字。

▶昔日重慶《大公報》館址。

百年大公 舊址回訪

以筆作槍文章報國　高聲疾呼鬥爭到底
重慶艱苦辦報　抗戰輿論中堅

　　《大公報》於1938年由武漢漢口遷至重慶，同年12月1日發刊，日出對開紙一張。抗日戰爭時期，重慶《大公報》日銷最多曾達到97000餘份，創造了彼時重慶報業發行紀錄。直至1952年8月15日停刊，《大公報》在渝近14年，與重慶一起度過了抗戰相持階段最艱苦的歲月。1945年8月28日，毛澤東飛抵重慶，與國民黨舉行國共和談。9月20日晚，《大公報》作為東道主，在李子壩的報館設宴招待毛澤東、周恩來、董必武、王若飛等中共代表團成員，毛澤東現場還為報館職工題寫了「為人民服務」五個大字。

　　重慶母城渝中區李子壩片區因輕軌穿樓被遊客追捧，抗戰時期，眾多達官顯貴在此修建公館、別墅，諸如史迪威舊居、圓廬、美軍飛虎隊辦公樓等。從李子壩正街邁上十幾級長滿青苔的台階，推開一扇吱呀作

◀重慶《大公報》編輯部的員工在工作。

▶1945年8月15日，《大公報》頭條標題用超大字號字體刊登「日本投降矣！」，此版面現被國家列為一級文物。

響的板門，在一片老黃葛樹掩映下的建築就是《大公報》報社重慶舊址。建築面朝嘉陵江，背靠佛圖關後山，寧靜而厚重。舊址上矗立着重慶市級文物保護單位的牌子，兩棟中西結合磚木結構建築經修復，呈小青瓦屋面，青磚外牆，兩樓由外廊連接。

社論名篇　誕生於此

順着建築樓梯拾級而上，腳下的木樓板發出吱吱聲響。推開頂樓一扇木窗，窗外遠處的輕軌飛馳而過，與鐫刻着時代記憶的舊樓古今交融。儘管僅存斑駁老樓，但當年影響無遠弗屆，《為晉南戰事作一種呼籲》、《我們在割稻子》、《看重慶，念中原》等中國新聞史上甚具影響的社論都是經此發出。站在樓內凝思，彷彿能看見日寇狂轟濫炸中，大

公報人以筆作刀槍,以文章當子彈,以報紙為戰場,奮勇無畏與日寇戰鬥艱苦而輝煌的歲月。

　　《大公報》為抗戰的呼籲和吶喊從未停止過,亦是重慶抗戰歷史的重要載體。已故百歲老人張炳富在《大公報》任職期間逢日軍對重慶大轟炸,是大轟炸的倖存者和見證人。「轟炸嚴重時期,編輯部與印刷廠都搬到防空洞繼續作業,大家在對開平板印刷機的轟鳴聲中寫稿、編輯、校對、印刷。在日軍對重慶長達五年半的轟炸中,從未停止出報。」10年前老人接受大公報記者採訪時回憶道。

防空洞內　堅持出版

　　1940年,日軍傾其航空力量,對重慶進行連續半年的狂轟濫炸,《大公報》李子壩經理部辦公樓被炸毀,印刷廠第2車間被破壞,但在半山腰防空洞裏的印刷機始終沒有停轉。1941年夏天,《大公報》報社再次遭到轟炸,經理部大樓中彈,編輯部大樓經猛烈震動,屋頂裂開,員工們

▶《大公報》重慶報館遭日軍轟炸7次,損失重大,但仍然堅持出報。

在暴雨中露宿兩夜。「空襲中，只要把版排好，送入防空洞打版上機，報紙即可保證無間斷。在日寇對重慶的轟炸中，《大公報》同仁從未畏懼，每天照常工作。敵機來臨，及時躲避；敵機飛走，照常工作，我們不因轟炸而退縮、害怕，決心與日寇戰鬥到底。」當年張炳富斬釘截鐵地說。

報館設宴　毛澤東題字

1945年8月28日，毛澤東飛抵重慶，與國民黨舉行國共和談。毛澤東在渝會見了很多民主人士，重慶《大公報》編發了消息和特寫，連夜趕寫了題為《毛澤東先生來了！》的社評。9月20日晚，《大公報》作為東道主，在李子壩報館內的「季鸞堂」設宴招待毛澤東、周恩來、董必武、王若飛等中共代表團成員。晚宴上，毛澤東說，希望《大公報》能夠成為為人民大眾說話的報紙，並為《大公報》全體員工題寫了「為人民服務」五個大字。這是他對這份報紙的期望，也是對國家未來的期望。

◀《大公報》重慶舊址位於渝中區李子壩正街102號，2018年當地對舊址主體建築進行修繕。圖為《大公報》重慶舊址翻新後的情況。

大公報記者
韓毅攝

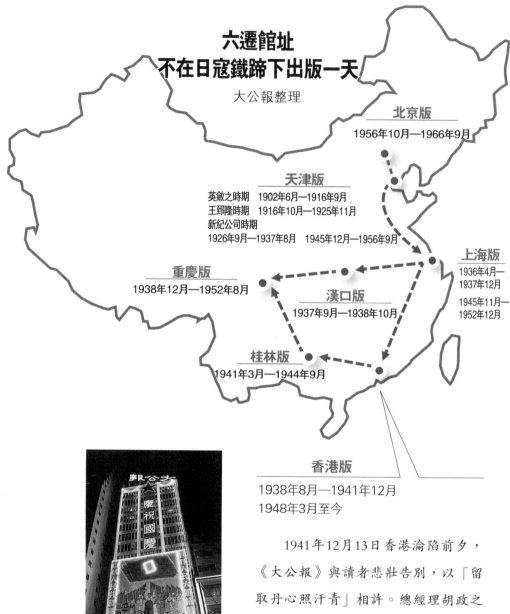

六遷館址
不在日寇鐵蹄下出版一天
大公報整理

北京版
1956年10月—1966年9月

天津版
英斂之時期　1902年6月—1916年9月
王郅隆時期　1916年10月—1925年11月
新紀公司時期
1926年9月—1937年8月　1945年12月—1956年9月

重慶版
1938年12月—1952年8月

漢口版
1937年9月—1938年10月

上海版
1936年4月—
1937年12月

1945年11月—
1952年12月

桂林版
1941年3月—1944年9月

香港版
1938年8月—1941年12月
1948年3月至今

▲上世紀60年代位於香港灣仔的大公報館。

　　1941年12月13日香港淪陷前夕，《大公報》與讀者悲壯告別，以「留取丹心照汗青」相許。總經理胡政之說，「我們要吃下砒霜，毒死老虎，以報國仇。」「不惜犧牲營業，拋棄財產，擎起一支禿筆，天南地北，播遷流離的巡迴辦報，和日閥撕拚。」

當年軼事

解放碑下埋《大公報》

重慶解放碑於1947年10月10日竣工落成，為紀念抗戰勝利而建。1947年10月11日，重慶《大公報》以《萬人爭看紀功碑：群鴿飛出鞭炮聲中剪綵，永垂不朽象徵重慶建設》為題作了報道。重慶《大公報》刊文《歷時十月，費款兩億，勝利紀功碑今行落成禮》記載，「還有一條『紀念鋼管』，今天要將本市的報紙、照片和有關文物裝進去，於今天下午埋在碑內」，以期「使後來的時代找出今天這個時代的文化。」

在挖掘地基時，刻意留下深坑，將戰爭中繳獲的部分侵華日軍的武器彈藥、鋼盔、軍靴、指揮刀、軍旗等戰利品埋於其中；碑身壁上，藏有紀念鋼管，管內放有紀功碑設計圖樣，並放有代表此時期文化產物、包括《大公報》等報章，郵票、照片等。

大公報記者　韓毅

胡政之女婿 營救《大公報》記者

　　【大公報訊】記者韓毅重慶報道：《大公報》在渝14年，大公報人亦在山城經歷了一段段艱苦卓絕的往事。現年88歲的胡政之外孫王瑾表示，1949年，在重慶還未解放之前，國民黨特務機關將秘密抓捕中國共產黨人，包括重慶《大公報》採訪部主任徐盈，《大公報》外勤記者彭子岡、丁涪海等。時任重慶「綏靖」公署主任，後任西南軍政長官公署長官的張群得此消息。「張群通過手下把這個消息告訴了時任重慶金城銀行經理，我的父親王恩東。」

　　「王恩東立馬把該情報告訴了重慶《大公報》副經理段繼達，段繼達即刻通知名單上的記者趕緊躲藏，不能回家。為了不引起特務機關的注意，王恩東以重慶金城銀行的名義購買了飛往香港的機票。」王瑾透露。

　　王瑾回憶，「我的叔叔王恩源親口告訴我，『當時哥哥王恩東告知，今晚有客人要到家裏來，好好接待。』徐盈、彭子岡當晚來到王家，王恩源把臥室讓給了彭子岡夫婦住，他自己在沙發上睡了一宿。第二天一大早，王恩源駕車把徐盈、彭子岡送到重慶市內的珊瑚壩機場，王恩東已早早在機場等候，將兩張機票交給子岡夫婦，他們乘坐早上的第一班飛機，飛往香港。」

辦報資金埋樹底　躲避查封

　　「王恩東與張群關係交好，源於張群是王恩東的父親、我的祖父王章祜的學生。王章祜在成都辦教育，張群父親出身貧寒，是小學看門人

，張群沒有錢唸書。王章祜讓張群唸書，接受啟蒙教育，沒有收其學費。」王瑾透露，王恩東於1930年從美國留學回國後，任職金城銀行南京分行經理，與政府打交道較多。

段繼達次子與王瑾同歲，他後來告訴王瑾，「段繼達發現當時位於李子壩的大公報報館門外出現很多生面孔，判斷是特務偽裝，讓丁涪海躲進段家。段家在《大公報》報館附近，獨門獨院，隱秘的後門可通往大坪。後來，丁涪海從段家後門上山逃走了。」「段繼達是胡政之的表弟，是重慶《大公報》分管財務的副經理。當年國民政府要查封重慶《大公報》，王恩東得到張群消息後，告知段繼達。」

王瑾說，臨解放時，重慶時局混亂，加之擔心國民黨搶奪財產，段繼達就把當時《大公報》存有的現金銀元埋在了段家院內大樹底下。解放後，段繼達與《大公報》財務科長林朝華一起，把一箱銀元取出來，應付報館職工開支。

▶ 1969 年 香港灣仔《大公報》辦公室內，員工正在忙碌工作。

無懼敵機轟炸　桂林岩洞辦報

【大公報訊】記者蘇征兵桂林報道：廣西桂林市七星區七星公園後山不遠處，在吊蘿山臨近普陀路位置，一塊立於2003年的「桂林《大公報》舊址」石碑，記載着81年前《大公報》在桂林山洞辦報的歷史。

《大公報》桂林版於1941年3月15日創刊，至1944年9月12日因戰亂停刊。廣西師範大學文學院教授黃偉林認為，《大公報》在桂林辦報期間，桂林接納了來自全國各地的數百位文化名人和多個文化機構，舉辦了大量文化活動，成為抗戰時期中國大後方的文化中心，有着「抗戰文化城」之稱。

在廣西師範大學「抗戰文化城」博物館有一段關於《大公報》的記載：1941年3月15日，桂林版《大公報》在桂林星子岩岩洞創刊，後僅僅一個月，1941年4月，時任總編輯胡政之就收到美國密蘇里大學新聞學院教務長馬丁信函：「將本學院今年頒贈外國報紙之榮譽獎章一枚贈與貴報。」

幾年前，桂林市人防辦公室曾經進行大規模的山洞利用整治，《大公報》桂林當年的舊址，已被租賃給當地一家企業作為倉庫。

◀《大公報》桂林版當年的辦公岩洞。

大公報記者
蘇征兵攝

▶位於北京西城永安路的北京郵局大樓曾是《大公報》的老報館。

大公報記者張寶峰攝

北京老報館　塵封的記憶

【大公報訊】記者張寶峰北京報道：在北京市西城區永安路173號，有一排頗有些年頭的樓宇，它現在的名字是「北京郵局大樓」，往來於此的，是一輛輛郵遞車和忙碌的郵差。然而在66年前，這裏曾經是《大公報》在北京的辦公大樓，當時，在這裏往來忙碌的，是中國最優秀的一群報人，從這裏發出的，是一篇篇對國內外時局具有重大影響的文章。

1956年北京《大公報》社新樓落成（即今北京西城區永安路北京郵局大樓），天津《大公報》遷至北京出版。如今，半個多世紀過去了，當年的報館變成了郵局，周邊也開滿了買賣興隆的各式店舖。

如今，北京西城的郵局大樓早已在歷史變遷中更換了容顏。但有關《大公報》老報人的才情與風骨，也永久地留在了有關北京城的歷史記憶之中。

英斂之

1867年11月23日~1926年1月10日

《大公報》創始人，名華，字斂之，出生於北京，滿族正紅旗人，是中國近代報刊出版家、教育家、慈善家。

辦報宏願：

開風氣，
牖民智，
挹彼歐西學術，
啟我同胞聰明。

人物誌

忘己之為大　無私之謂公

《大公報》立言爲公　啟最早黃金時代

今年**6月17日**是《大公報》創刊120周年紀念日。這張120年前誕生於天津的報紙，創始人英斂之以「文人論政」的鮮明特色，開啟了《大公報》最早的黃金時代。因此，他也被尊為《大公報》的肇始人與「大公精神」發軔的奠基者。日前《大公報》記者專訪了其後人、著名導演英達，以家史家風描摹的歷史景深，追尋英斂之的思想軌跡，回顧這位愛國報人的創辦《大公報》的初心。

「英斂之，是我們家族中最了不起的一個人。英氏後人之所以做出一點成績，其實都承英斂之先生餘惠，他是當之無愧的英氏家族第一人

▲1902年6月17日《大公報》在天津創刊，創辦人是英斂之。圖為《大公報》創刊號以及當日刊發的本報章程。

。」英達認為，主張維新改良的曾祖父英斂之，最本質的東西是中西交流，「攔現在叫改革開放，引進西方先進的東西為我所學、所用。」

不畏強權　愛國為民

英斂之（1867–1926），名華，號安蹇，滿族正紅旗人。據英達講述：「曾祖父在寫《大公報》社評時署名英華，斂之是他為自己所取的字。『華』本指光華璀璨、光芒四射，他自號『斂之』，則是光華內斂，謙遜寬厚的意思。」

然而，《大公報》從創立之初就以「敢言」著稱。英斂之在創刊號「大公報序」裏，即開宗明義：「忘己之為大，無私之謂公」，並要「擴大公無我之懷」，「移風易俗，民富國強」。這為《大公報》定下了不畏強權、愛國為民的報格和基調。

英達說，「我相信英斂之先生當年的『改革開放』事業，或者說中西交流這件事情，是經過深思熟慮的。因為只有這樣，中國才有出路。

但是他又是站在保皇的基礎上——『我愛大清國，我怕它完了！』一個滿族人，對自己的民族，有着非同尋常的感情。英斂之先生創辦《大公報》，後來又興辦教育，其實從大處說是希望國家復興，具體一點就是要啟迪民智。」

百多年來，《大公報》曾一紙風行，也曾歷盡坎坷。「我們一直自認大公之後。《大公報》的興衰存亡，我們家族都非常關心，尤其關注她在每個重要的歷史節點上，作為一張報紙，為中國的進步所做的貢獻。同時作為《大公報》的後人，我們也一直關注她的今天和未來。」英達說。

「咱們都是大公人。」英達頗為動情地說，「我很慶幸《大公報》一直在香港有這樣一個根。而且，《大公報》後來的發展中，也一直秉承了創辦時所確立的『敢言』風格。」

維新派朋友圈　冀救民於水火

「當時一群志同道合的知識分子——就像如今的朋友圈，微信群，是一群當年被喊『二毛子』的中國人，其職業、事業、理想、愛好，就是介紹國外，中西交流，其中有翻譯家、教授、企業家，也有報人。」

在英達家醒目的位置掛着翻譯家、原北京大學校長嚴復贈英斂之的詩。「這是文物。不僅因為嚴復是名人，字寫得漂亮，關鍵是他們共情的這種情懷。」詩中寫道：

> 四條廣路夾高樓，孤憤情懷總似秋。
> 文物豈真隨玉馬，憲章何日布金牛。
> 莫言天醉人原醉，欲哭聲收淚不收。
> 辛苦著書成底用？豎儒空白五分頭。

「『四條廣路夾高樓』，指的是《大公報》報館，『高樓』其實只是個二層小樓，在當時天津四面鐘那個地方，《大公報》舊址，英斂之在此辦公。」英達說，可以看出，維新立憲派當時這些文人，做的是翻譯、交流、引進的事情。他們不是空談，也有過一段時間成績斐然。但甲午之後，洋務之路就走不通了。這個「朋友圈」的人見面不再是相互讚揚、祝賀、鼓勵，相反，是哀嘆、頹喪、發牢騷，充滿了悲憤情懷。

「英斂之先生出於對國家現狀的焦慮，希望救民於水火的心情，特別是對國人愚昧無知的深深失望，最終選擇了去辦教育，我覺得不是《大公報》的經營問題，而是緣於他本想辦一張報紙來『開牖民智』，最終發現不看報的人更多，必須從根本——辦教育上來。光憑報紙來喚起民眾，難。」

通過剖析清末皇族英斂之的經歷和背後的歷史環境，英達得出這樣的結論：「我相信像英斂之這樣的旗人，首先是希望國家好。以此出發，辦《大公報》，輔仁社，還有他辦過的靜宜女學、香山慈幼院，直到輔仁大學，其實都是他，包括所有維新派或稱洋務派，做出的種種努力和嘗試。」

任主筆撰社評　聘老師當記者

22歲時，英斂之受洗成為天主教徒。他的「朋友圈」從此和天主教密切關聯。他的其中一位教友柴天寵，正是他提議請英斂之開辦報館。英達形容柴天寵是「《大公報》的金主」。而英斂之作為《大公報》的創建者，身兼主筆、編輯、總理諸務，是辦報宗旨的實際執行者與辦報方針的掌舵者。

英斂之以如椽巨筆縱論中外時事、品評華洋時局，《大公報》成為

以「文人論政」特質的獨立民營報紙。英
氏所灌注的精神追求與報刊理想，對其後
《大公報》的發展奠定了厚重基礎。英達
表示，起碼有十年的時間，重要的「社評
」文章永遠都是英斂之自己執筆，辦報的
許多創舉比比皆是。英達說：「現在很多
報社的成規、制度，都是《大公報》最早
創立、實踐的。比如『社論』，當年叫『
社評』，就是英斂之發明出來的。」

▲英斂之偕夫人愛新覺羅
·淑仲及兒子英千里合
照。

　　《大公報》報館還舉辦過不少賑濟災
民之類的公益活動。英斂之更以白話撰寫
文章，向民眾傳播科學知識。1904年他將
報紙上刊登過的白話文另印成一本書，即
《敝帚千金》，希望能夠「洵刊破除國民
愚昧謬妄之見識，喚起國民合群愛國之精
神。」

　　英達還講了一椿英斂之聘請其老師為
《大公報》記者的故事。當初窮小子英斂
之「忤逆」與貴冑女私定終身，全靠這位
教書先生從旁說合，英斂之由此娶了愛新
覺羅·淑仲為妻，聯姻皇族。「他可能是
最老的記者。」英達說，「我相信英斂之
能有超越他時代的思想，與這樣亦師亦友
的人物對他的教育是分不開的。」

▲英達家珍藏着曾祖父
英斂之許多筆墨真跡。

筆墨傳家楹聯抒懷

英達家至今仍珍藏着曾祖父英斂之的許多筆墨真跡，被英達謙稱為「燕石自珍」，分別掛於不同房間，就像一百多年後先祖與家族成員的傾心對談和諄諄告誡，也像是英斂之自己的心靈獨白。

「我相信這是他一生的座右銘──『傲骨虛心真力量，熱腸冷眼大慈悲』。」

「這一幅是已經到香山靜宜園了。上聯『琴書詩畫，達士以之養性靈，而庸夫徒賞其跡象』，下聯『山川雲物，高人以之助學識，而俗子徒玩其光華』這個境界！」英達說，清史稿中有《英華傳》，英斂之是作為清末著名書法家入傳的。他特別喜歡這幅字的原因還有，其中可以摘出「英達」二字，可以截用。這與其是一種文人的旨趣，更可視為一種生命的隔空對話。

「英斂之以香山為基地，給那裏的人民做了很多好事，香山成為北京最早的用電地區，是英斂之促成的。這幅寫於香山靜宜園時期，上聯『新得林園栽樹法』，下聯『喜聞子弟讀書聲』，100多年前啊，他老人家就認準了：強國，富民，有什麼好辦法？一是讀書，二是栽樹。」英達感慨道：「我已經活過了英斂之先生的年齡，怎及他的百分一啊！」

英達認為，英斂之的《大公報》和辦報思想，並不是孤立的，他有一整套為民族、為國家、為人民的深刻思考，並不斷做出探索和實踐。「在中國歷史上，英斂之的影響是久遠的，現在做結論，可能依然為時過早。」

胡政之
1889年~1949年4月14日

名霖，字政之，筆名冷觀，四川成都人。

新記《大公報》創辦人之一，任總經理兼副總編輯。

赤誠敢言：

王郅隆時期，開設「冷觀小言」與「特別記載」專題，闡明自己主張，直指時弊，發表多篇振聾發聵的文章。

鐵肩擔道義　妙手著文章

歷經百年風雨　愛國矢志不渝

　　一部新聞史，半部在大公。在《大公報》歷史上，胡政之是一個不能繞過的名字。從主持「英記大公報」，到創辦「新記大公報」，從與吳鼎昌、張季鸞組成「三駕馬車」馳騁報界，到孤身一人獨擎大公，胡政之的從業史，不僅與《大公報》的發展史密不可分，更真切折射出時代之變幻與國運之浮沉。近日，《大公報》記者對胡政之孫女胡玫、外孫王瑾進行了獨家專訪。透過兩位老人的憶述，回首兩甲子報史，追憶一代報人。

　　1902年，英斂之在天津創辦《大公報》。那一年，年輕的胡政之正

◀1948年，胡政之（前排右一）、馬廷棟（前排左一）在香港淺水灣，與當時香港《大公報》骨幹合影留念。前排中間為時任《大公報》社社長費彝民，第二排左一為時任總編輯李俠文。

在安慶高等學堂接觸中西方的文化精粹。14年後，風雲際會，「二之」相逢：49歲的英斂之遇見了27歲的胡政之。兩人一見如故，胡政之即時成了《大公報》記者。

巨筆如椽　針砭時弊

此後的四年中，胡政之不僅採寫了大量的新聞，還大膽地對報紙的內容和形式提出全方位的改革意見。正因其卓越的新聞才華，胡政之很快便被英斂之聘為《大公報》經理兼總編輯。這段時間，對於張勳復辟、第一次世界大戰等國內外大事，胡政之主持下的《大公報》都進行了及時詳盡的報道。他還順應時代潮流，增設傳播新思想的教育、文化、經濟等專欄。很快，《大公報》又重新贏得了創辦時的聲譽。

1926年，躊躇滿志的胡政之又與吳鼎昌、張季鸞一起，創辦了「新記大公報」，「報業三巨頭」一起帶領《大公報》邁入了發展的輝煌期。再後來，吳鼎昌退出，張季鸞病逝，《大公報》管理層只剩下胡政之一人。但他仍以高超的經營才能、遒勁的文思筆力，不斷提升《大公報》的新聞報道水準和國際影響力。

「在《大公報》所有報人裏，祖父是從業時間最久的一個。」胡玫回憶到。

對於《大公報》的「三駕馬車」，世人常認為：吳鼎昌提供資金，張季鸞主持筆政，胡政之總攬經營。「外祖父雖然負責經營管理，但事實上，他一直在寫文章，可以說是筆耕不輟。」王瑾說。

「聽《大公報》的老報人講，祖父每天上午處理廣告、發行事務，下午參加編輯會議，布置記者採訪；晚上則與吳鼎昌、張季鸞碰面，縱論時事，交流觀點。在這些例行事務的間際，祖父往往會親自動筆撰寫社評。」胡玫說，「因為要統籌報社發展全局，據說祖父每天都要工作12個小時以上。」

胡政之從小就擁有極好的語言天賦，後來更是精通多國語言。每天，胡政之都要拿出專門時間瀏覽大量的國內外報章，得益於扎實的多語種功底，國際時事評論也成了胡政之最熱衷的寫作題材。

寧肯一死　決不降日

作為報社領導，胡政之向來不苟言笑。據《大公報》老報人回憶，他們對胡政之都是「又怕又敬」。「怕」是因為胡政之對文章水平要求極高，對報社的規矩紀律也要求嚴明。「敬」則源於胡政之強烈的擔當精神和對員工的深切愛護。

◀上世紀二十年代末，天津《大公報》同仁合影。

「1933年9月，也就是九一八事變兩周年的時候，祖父指令記者寫一篇紀念國恥日的文章。文章發表後，立即惹得當權派大為光火。」胡玫說，當時軍閥找到報社，胡政之挺身而出，把所有事情攬於一身，跟着兵丁去「喝茶談話」。「當時同事們都特別害怕，以為胡老闆出事回不來了，結果沒多久，祖父就返回了報社，並且十分淡然對同事們說了一句——沒事了。」

1937年，抗日戰爭全面爆發。《大公報》在上海的報館也處於風雨飄搖之中。「祖父當時審時度勢，決定請張季鸞先生先行一步，去相對

◀1945年8月15日，重慶市民爭購報道日本投降消息的《大公報》。

▶1919年，胡政之作為唯一進入巴黎和會現場的中國記者，向國內發回專電報道西方列強瓜分中國的陰謀，引發北京學生掀起「五四」愛國運動。

巴黎專電

我國提議之二十一條各案 和平會拒絕不理令將來自行提變較為得力
關於聯盟案各欵據各專使對於簽字意見亦不一致惟現在已成五強國專
制之局亦恐難容我國抵拒
（本社胡政之祖於五月二十日四點十五分自巴拒發二十七日到）

安全的長沙開闢新的輿論場，而他自己則選擇在動盪中堅守到最後一刻。」胡玫說。

彼時的《大公報》，在胡政之的主持下，因為始終秉承客觀真實的報道理念，於是立即成為日本人的眼中釘肉中刺。「父親跟我講，有一次，日本人直接闖進報社要逮捕祖父，當時祖父卻表現得非常平和。事後才知道，當時祖父已經暗暗在衣兜裏藏下了硬幣，做好了吞幣自殺的準備，危急關頭，寧肯一死，也決不投降。」

文人風骨　報人精神

那一段時期，戰火紛飛，《大公報》也數度易址。「後來，報社在重慶安頓下來後，祖父認為報社已經有了穩定的後方，還應該有發展的前線。」胡玫說，「早在那個時候，祖父就已開始籌劃在香港設立分支機構，並作為《大公報》連通國內外的橋頭堡。」

「在祖父的心裏，《大公報》一定要擴大，要辦在各個地方，把自己的聲音傳播出去。」胡玫說，抗日戰爭勝利後，祖父特別興奮，還表示要把《大公報》辦成一個報業托拉斯，還有辦到美國去，讓全世界都聽到中國的聲音。只可惜，因為積勞成疾，祖父的身體開始每況愈下。

在胡玫心中，胡政之始終有一個清晰堅定的形象，「我覺得祖父一生理想和行動的核心就是：文章報國。愛國、救國、報國，其實也是那個時候許多知識分子的共同特點。祖父幹事業的動力皆源於此。這是我一直以來的認識，作為胡家後輩，我們也力求將這種情懷傳承下去。」

1949年4月14日，病魔帶走了胡政之，一代報業巨擘就此隕落。但他的精神與風骨，卻長存在中國新聞史上。他的理念與夢想，也隨着這份120歲的大報而一直傳延未絕。

▶ 胡政之（左二）率《大公報》同人由香港赴桂林途中。

提攜後輩 成就英才

胡政之之所以在《大公報》歷史上，乃至在中國報業的歷史上，都享有崇高聲望，備受業界敬重，這不僅因為他為了這份報紙奉獻了全部的心血，還在於他對報界新人的無私提攜。

著名文學家蕭乾在青年時期，曾經被胡政之慧眼識才，招致《大公報》，從事新聞採寫工作。後來，蕭乾收到了劍橋大學的獎學金，得到了赴英留學的機會。可天不佑人，在臨行之前，蕭乾的獎學金卻被盜走。一心愛才的胡政之當即出面，為蕭乾補貼了這筆錢。

「1943年，祖父曾隨政府訪問團去到英國，當時他專門去劍橋看了蕭乾。」胡玫和王瑾在《回憶胡政之》一書中記述到，當時蕭乾正準備繼續在劍橋攻讀學位，但胡政之卻給出了不同意見。「祖父判斷，歐洲不久將起戰事，他奉勸蕭乾，抓住這個寶貴機會，做一名戰地記者。」後來，恰如胡政之所料，第二次世界大戰戰火燃起。《大公報》也在二戰中的歐洲開闢了一個辦事機構。蕭乾後來也表示，「胡先生改變了我

一生的命運。」

這樣的事情，在胡政之的從業生涯中可以說不勝枚舉。發現有同事創作了一組有關陝北的新聞報道，文筆可嘉，內容獨到，胡政之便興致大發，主動出面編輯成書，予以鼓勵。這位當年的小記者就是後來名震中國新聞業的名記范長江。

「在祖父的一生中，他一方面成就了這份報紙，另一方面也成就了眾多的同仁。」胡玫說。

胡玫：最喜歡祖父的講話和通訊

為了向世人還原一個立體的胡政之，也為家族後輩更好地紀念，胡玫與王瑾花費數年之功，跑遍了北京與四川的圖書館，最終將胡政之所寫的多數文章搜集整理成了《胡政之文集》。「祖父的文章涉及面非常廣，我尤其喜歡其中的講話和通訊。」胡玫舉例說，祖父有一篇名為《自由與正義勝利萬歲》，這篇講話寫於1941年，當時抗日戰爭正處於異常焦灼和艱難的時期，祖父在這篇文章裏用極富感染力的語言鼓舞人們提振信心、戰勝困難。1945年，祖父還曾應美國一家廣播電台之約，撰寫了一篇名為《世界是進步的 和平必須成功》的講話，也在海外產生了重要影響。

胡政之視域極廣，採訪的腳步也踏遍了四面八方。他每到一地，都會用精心的筆觸記錄下自己的所見所感，這些通訊形式的遊記也成了《胡政之文集》中備受矚目的一個類別。「祖父的這些遊記，既讓中國的讀者開闊了視野，也打開了一扇世界看中國的窗口。」

胡政之啟發金庸辦報

1948年，《大公報》在香港復刊期間，有一次吃飯，胡政之曾對金庸等年輕報人講，「報紙的任務是教育讀者，以正確的道路指示讀者，我們決不能為了爭取銷路、迎合讀者的心理而降低報紙的水準、歪曲真理。」金庸後來曾說，「這位偉大的報人對於一個年輕的新聞工作者生活與學習上所發生的影響是極其深遠的。我常常想起他那些似乎平淡無奇其實卻意義精湛的話來。」

後來，胡玫、王瑾編輯出版《回憶胡政之》一書時，金庸還專門題寫「名言讜論，終身受益」（見下圖），以表達自己對胡政之先生的敬仰與緬懷之情。

人物誌

張季鸞
1888年3月20日~1941年9月6日

名熾章，字季鸞，筆名一葦、老兵。

以筆作刀「三罵」警世
1926年至1927年北伐戰爭開始，其間張季鸞親筆撰寫社評怒斥吳佩孚、汪精衛、蔣介石：
一罵「跌霸」吳佩孚
二罵汪精衛領袖慾
三罵蔣介石人生觀
時稱「三罵」，發人深省，名噪一時。

張季鸞言他人不敢言　言他人不能言

記者應存大我而忘小我

　　他始終是一個熱情橫溢的新聞記者，主持《大公報》筆政15年之久，撰寫稿件千餘篇，他一生的文章議論，鑄就那個時代的活歷史。他主張「記者應存大我，而忘小我；忘小我始能不慕虛榮，始能不避權貴，而主持公道。」毛澤東評價他「堅持團結抗戰，功在國家」，周恩來讚譽他為「文壇巨擘、報界宗師」，蔣介石稱他為「一代論宗」。作為一位報人獲得如此美譽，在中國現代新聞史上恐怕無人比肩——他便是新記《大公報》創辦人之一張季鸞。

中華民
國二十
七年一月
九日逛
胡政之(右
先生(右二)
由港歸
滬搭於
法輪安
特來明
(甲)明日
俾乘康
悌康瀟
樂吉甲
張晶時年八歲
楊紀題誌

▲一九三八年一月九日，胡政之(右二)和張季鸞(左二)在香港合影。

　　1888年出生的張季鸞是陝西榆林人。自小熟讀詩詞經書的他，青年時代便負笈東瀛，其間曾撰寫一些東京通信，發表在于右任與宋教仁創辦的《民吁日報》上，從此與新聞工作結下不解之緣。

　　1912年1月，受于右任舉薦，張季鸞出任南京臨時大總統孫中山的總統府秘書，參與起草了《臨時大總統就職宣言》等重要文件。

執筆「三罵」 明恥教戰

　　1926年，他與吳鼎昌、胡政之三人合辦新記公司接手《大公報》。當年9月1日，《大公報》復刊，有感於「報界之厄運，至今日而極矣！」張季鸞發表《本社同人之志趣》，提出「四不」辦報方針：不黨、不賣、不私、不盲。

　　張季鸞外表儒雅，內心剛烈，視正邪如冰炭。因其長期深研國計民生之道，胸中自有韜略，發而為文，往往切中時弊，一掃群疑，萬詠息響，澄清時局。

　　當時新記《大公報》的口碑與影響之一，在於其言論勇敢潑辣而卓有見地，言他人不敢言，言他人不能言。其中頗為有名的，當屬大公「三罵」：一罵吳佩孚「有氣力而無知識」；二罵汪精衛的領袖慾；三罵蔣介石不學無術。

　　這著名的大公「三罵」皆出自張季鸞筆下，文章縱橫捭闔，邏輯謹嚴，文采出眾，可謂行雲流水而又痛快淋漓。

　　1931年「九一八」事變，東北淪亡。事變發生後第三天，張季鸞、胡政之召開「從未舉行過」的編輯會議，會上張季鸞嚴肅指出：國家已

▲一九二六年九月，新記《大公報》確定「四不」方針。

經面臨緊要關頭，報紙今後更應鄭重負起責任。他宣布兩項決策，一為「明恥」，一為「教戰」。即盡快開闢一個專欄，記載自1871年中日兩國簽訂《中日修好條規》至1931年「九一八」事變的重大事件，以幫助讀者了解甲午以來的對日屈辱史，欄目名稱定為「六十年來中國與日本」，並指定王芸生專主此事。文章結集成書後反響強烈，王芸生一舉成名。

1936年12月12日，震驚國內外的「西安事變」爆發。張季鸞隨即揮筆疾書，先後在《大公報》上發表《西安事變之善後》、《再論西安事變》等社評，高屋建瓴地提出了「解決時局，避免分崩」的善後之策。拳拳愛國之情、凜凜民族大義躍然紙上。

西安事變　縱橫捭闔

1936年12月18日，《大公報》發表張季鸞所寫的《給西安軍界的公開信》，文中呼籲「精誠團結，一致地擁護中國」。

當時，南京政府把18日的《大公報》加印了數十萬份，用專機空投到西安市區。大部分西安市民和東北軍將士都看到張季鸞的這篇「公開信」，這在中國報業史上亦算一次奇觀。

該篇文章寫得入情入理、淋漓透徹，不少東北軍將士閱後深受觸動，張學良、楊虎城的心理也立刻起了急劇變化。

1936年12月25日，張學良親自陪同蔣介石乘飛機離開西安。翌日，蔣介石抵達南京，西安事變和平解決。

1988年，張季鸞的兒子張士基應邀去台灣出席其父誕辰一百周年紀念活動，發現歷經52年之後，張學良竟然還能一字不錯地背誦那篇《給西安軍界的公開信》。文章對他影響之深刻、對西安事變和平解決貢獻

之大,可見一斑。

在張季鸞主持筆政期間,《大公報》的傳播力和影響力不斷擴大。1941年5月,《大公報》獲美國密蘇里大學新聞學院頒發「密蘇里榮譽獎章」。該獎章被公認為新聞行業最具聲望的國際獎項之一,獲此世界性殊榮,中國報紙只此一家,也僅此一次。

昌言遠響 享譽國際

密蘇里新聞學院在頒獎詞中說:「《大公報》對於國內新聞與國際新聞之報道,始終充實而精粹,其勇敢而鋒利之社評影響於國內輿論者至巨。《大公報》自創辦以來之奮鬥史,已在中國新聞史上放一異彩,迄無可以頡頏者。」

當時多位政要將領及各地新聞機構紛紛向《大公報》發來賀函賀電,讚揚該報昌言遠響、揚我邦華。而《大公報》則始終榮辱不驚,張季鸞發表《慚愧的榮譽》、《感謝與奮勉》等評論,表示「當今中國輿論界被友邦重視,是因為我們能宣揚正義,抵禦強梁。

這榮譽屬於中國輿論界之全體,尤其屬於全國之忠良軍民各界」,又稱「現在我們國家正從事生死存亡的大戰,惟有爭取到最後的勝利,才是國家民族的真榮譽。此外過程中的一切浮譽,皆是虛榮。本報同人實為這榮譽而慚愧,也深願為此慚愧而更黽勉努力!」

密蘇里榮譽獎章 《大公報》獲殊榮

1941年5月15日，在山城重慶日軍大轟炸之下堅持出版的《大公報》，獲得了美國密蘇里大學新聞學院頒發的「新聞事業傑出貢獻榮譽獎章」。中國新聞學會和重慶報界為《大公報》舉行了盛大的慶祝會。迄今為止，華文報章中獲此殊榮者僅《大公報》一家。

密蘇里大學新聞學院的頒獎詞稱：「該報能在防空洞中繼續出版，在長時期中雖曾停刊數日，實具有非常之精神與決心，且能不顧敵機不斷之轟炸，保持其中國報紙中最受人敬重最富啟迪意義及編輯最為精粹之特出地位。《大公報》自創辦以來之奮鬥史，已在中國新聞史上放一異彩，迄無可以頡頏者。」

◀▲1941年5月，《大公報》獲美國密蘇里大學新聞學院頒發「密蘇里榮譽獎章」，成為第一家獲得國際性榮譽和獎項的中國報紙。

▲中央通訊社盧祺新（左三）1941年5月15日在美國代表《大公報》領獎。

爲全民福利努力辦報

張季鸞終生耕耘報業，亦以報人身份為傲。他曾表示，「我們常有一種覺悟，就是要做一個完善的新聞記者，必須由做人開始，個人的人格無虧，操守無缺，然後才具備一個完善的新聞記者的基礎。」

他主張「記者應存大我，而忘小我；忘小我始能不慕虛榮，始能不避權貴，而主持公道。」他同時也要求大公報記者們努力做到不求權、不求財、不求名、不感情用事、不夾雜私念，為全人類共同的福利，為本國全民的福利努力辦報。

在其倡導下，當時的《大公報》發表各類新聞及評論，除了長篇通訊，一概不署作者姓名。他自己寫文章也從來不留底稿，常自嘲道，我

們寫的文章早晨還有人看，下午就被人拿去包花生米了。

　　雖然這麼說，但他撰寫文章始終非常嚴謹，在新聞稿的遣詞造句上尤其「斤斤計較」。他堅持認為，寫文章立意固然要不落俗套，而文字尤須推敲妥帖，不能留一點漏洞。胡政之曾說他「在編輯時往往題目一字修改，繞室彷徨到半小時，重要社評無論他寫的或我寫的，都要反覆檢討，一字不苟。重要新聞如排錯一字，他可以頓足慨嘆，終日不歡。」

　　1944年，在張季鸞先生逝世3年多後，大公報館出版其首部也是唯一一部著作——《季鸞文存》。胡政之在作序中寫道，「國人讀季鸞之文，倘能識念其一貫的憂時謀國之深情，進而體會其愛人濟世的用心，則其文不傳而傳，季鸞雖死不死！」

▲張季鸞要求報館同仁為全民的福利努力辦報。圖為1936年，《大公報》戰地記者方大曾在抗戰前線拍下的圖片。

搖着鵝毛扇　到處作座上客

　　張季鸞自1926年主持新記《大公報》筆政後，15年間意氣風發，馳騁報壇，指點江山，激揚文字，朝野一致景仰，聲名遠播海外。其影響之大，享譽之高，不惟國內罕有其匹，就是在歐美新聞人中，亦不多見。

　　他為人隨和，熱情健談，所在之處，必定迎來送往，會客不絕。民國初期，他跟林伯渠都任過孫中山先生的秘書。1936年秋，他去西安暫住，與林會晤，老友相見，格外熱絡。張雖久病在身，卻與林徹夜長談，不知疲倦。兩人之友誼充分證明了，「有分歧、有共識」的朋友，還是好朋友。

　　可以說，他的朋友，上自名公巨卿，下至販夫走卒。毛澤東說他「搖着鵝毛扇，到處作座上客。這種眼觀六路、耳聽八方的觀察形勢的方法，卻是當總編輯的應該學習的。」而周恩來也曾談到，「做總編輯，要像張季鸞那樣，有優哉游哉的氣概，如騰龍躍虎，遊刃有餘。」

　　1941年9月6日，張季鸞病重去世。國共兩黨領袖蔣、毛諸公同聲哀悼，蔣介石、周恩來都親自參加公祭並致送輓聯。

文壇巨擘　報界宗師

　　毛澤東在唁電中稱，「季鸞先生在歷次參政會內堅持團結抗戰，功在國家。」周恩來、鄧穎超致唁電指，「季鸞先生，文壇巨擘，報界宗師。謀國之忠，立言之達，尤為士林所矜式。」

　　張季鸞是在抗戰至艱時去世的，其臨終遺囑感人肺腑。「願我社同

人，痛感時會的艱難，責任之重大，本此方針，一致奮勉，務盡全功；尤宜隨時注重健康，以積極精神，為國奮鬥」。

可見其撒手人寰之時，感念的依然還是國家民族、抗戰大業和大公報社。《大公報》專撰社評敬悼稱，「此在本報為塌天之禍事，在國家亦為巨大之損失。」

▲1939年春節，胡政之(二排左四)、張季鸞(二排左五)與港館同人合影。

人物誌

王芸生
1901~1980

筆名舊聞記者，祖籍河北靜海。

- 1929年夏進入天津《大公報》。因撰寫專欄「六十年來中國與日本」而一舉成名。

- 1941年9月任重慶《大公報》總編輯，主持《大公報》言論。

- 1946年，《大公報》成立總管理處後，任總編輯和社評委員會主任。

- 新中國成立初期，擔任上海大公報總編輯，後任北京大公報社長。

- 著有《芸生文存》、《六十年來中國與日本》、《台灣史話》等。

揭露日本侵華行徑　喚醒國人禦敵抗戰
明恥啟民智　讜論報國仇

　　王芸生是《大公報》的一面旗幟。他著作《六十年來中國與日本》，喚醒大眾，認明國恥；他胸懷國家利益、站在人民立場，主持《大公報》筆政，文章動人心弦，激勵國人鬥志，與敵寇與苛政做不屈不撓的鬥爭，留下無數名篇；他在歷史關頭，審時度勢，毅然率領《大公報》宣言新生，投入人民懷抱，成為時代大潮中愛國報人的典範。

　　90年前，1932年1月11日，《大公報》隆重推出專欄「六十年來中國與日本」，文前冠以「前事不忘，後事之師！國恥認明，國難可救！

◀1956年，王芸生（右二）與北京《大公報》同事合影。

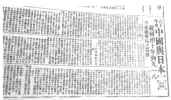

▶1932年1月11日起，《大公報》推出「六十年來中國與日本」專欄，每日登載一段，由王芸生執筆主持。

」從此，每日一篇，連載長達兩年半之久。文章的作者、《大公報》編輯王芸生就此聲名鵲起。

研史著史　享譽國際

王芸生被公認為是「報界宗師」張季鸞的接班人。兩人以堪稱《大公報》120年歷史上影響最大的兩支如椽巨筆，模範地踐行了「文章報國」。張季鸞是王芸生的伯樂，兩人卻是「不打不相識」。

王芸生是天津人，很早就立下投身報業的願望。曾在天津為工會主編《民力報》，在上海與後來成為中共重要領導人的博古（秦邦憲）合辦多份報刊。1927年，擔任天津《華北新聞》主筆的王芸生，圍繞北伐期間外國領事館遭圍攻一事，與《大公報》展開論戰。後《華北新聞》被封，王芸生又出任《商報》總編輯，旋因與管理層意見不合而辭職。

正在王芸生丟掉飯碗、生活拮据之際，《大公報》總編輯張季鸞親

自登門，邀請比自己小十三歲的王芸生到《大公報》工作。張季鸞的開闊胸襟，以及《大公報》「有容乃大」的報格，令王芸生至為感動，從此，他的人生就與《大公報》緊緊連在一起。

1931年九一八事變後，《大公報》迅速確立「明恥教戰」的編輯方針，決定由王芸生協助汪松年研究中日關係史，系統梳理了自1871年簽訂《中日修好條規》至1931年，這60年間兩國關係的變遷，幫助讀者了解甲午以來的對日屈辱史，揭露日本侵華行徑，喚醒國人禦敵。後汪力有不逮，便由王芸生獨自完成。

從當年10月開始，王芸生不辭勞苦，勤奮奔走於京津之間，在故宮博物院和各圖書館查閱史料，走訪歷史界和外交界前輩。晚上則伏案寫作。他的文章，從浩如煙海的史籍和檔案中抽絲剝繭，且文辭通俗易懂，極受讀者歡迎。

專欄披露了許多清宮軍機處、總理衙門、外務部的秘檔，很多內容是借王芸生的文章首次為大眾所知曉。如中俄東三省交涉的珍貴史料，駐俄公使楊儒據理力爭、力爭國權的內幕；甲午前後李鴻章與日方的交涉等。王芸生在首篇前言中寫道：「使一般國民，咸知國恥斷非突發，自反乃能自強，明恥教戰……」

這一系列文章引發轟動。王芸生後來說自己「史運亨通」。1932年起，《大公報》將這些文章匯輯出版，陸續出版了七卷。次年，日本便翻譯出版了日文版。1934年5月，王芸生因忙於撰寫社評，實在無暇顧及，專欄遺憾擱置。實際寫了1871年至1919年這48年。

整整40年後，1972年9月25日，日本首相田中角榮訪華，打破了中日高層交往的堅冰。在與毛澤東會面時，田中兩次提到《六十年來中國與日本》。影響之巨，足見一斑。也因此事，長年受政治運動衝擊的王

▲1943年，王芸生在《大公報》編輯部工作期間寫下為民請命的社評《看重慶，念中原！》

▲1946年，王芸生全家合影於重慶。

芸生，得以恢復了工作和生活待遇。

筆刺日寇　誓不投降

　　著名報人俞頌華曾評價稱：「王芸生的文章為世人所傳誦。他立言的長處是常以國家為前提，而站在人民的立場，說一般人民所要說的話……富於熱情，所說的話，常能打入讀者的心坎。」

　　1937年12月13日，南京淪陷，日寇要求上海報紙自15日須接受檢查。《大公報》義不受辱，罕見地在12月14日同時刊登了兩篇社評《暫別上海讀者》和《不投降論》，宣告停刊。

　　前者動情地激勵國人：「保持住自己的靈魂，不怯懦，不折扣，十足勇敢的奮鬥下去，這空前的國難必能克服，往遠大處看，中日兩大民族的競爭，好比一個無盡程的接力賽跑，我們這一輩人正握着競走的火炬……等到我們這一輩人力盡了，再把這火炬交給我們的子孫……中華民族的火炬永不熄滅，中華子孫永不要歇腳！」

　　《不投降論》最後一句，則以平實的話語，傳遞着振奮人心的偉力：「我們所能自勉兼為同胞勉者，唯有這三個字——不投降。」

　　1941年8月，日本人持續轟炸重慶，一些國人士氣低落。8月19日，《大公報》發表了王芸生撰寫的社評《我們在割稻子》：「讓無聊的敵機來肆襲吧！我們還是在割稻子，食足了，兵也足；有了糧食，就能戰鬥，就能戰鬥到敵寇徹底失敗的那一天！」文章以樂觀昂揚的強音收尾，回擊日寇的囂張氣焰，鼓舞抗戰軍民的鬥志。

　　1979年，身體每況愈下的王芸生，在病榻上修訂《六十年來中國與日本》，將從1920到1931年中日關係史用大事記形式補上，補足了40多年前的「欠賬」。1980年3月，王芸生在病榻上見到了新版樣書。5月30日，溘然長逝。

　　臨終前，王芸生告訴子女，這部書「是我留給世人最後的絕唱」。他的畢生事業，始於此，也終於此。

《六十年來中國與日本》由來

　　1932年1月11日《大公報》開闢「六十年來中國與日本」專欄，每天一期，系統梳理自1871至1931年60年來中國與日本的關係，揭露日本蓄謀已久的侵華行徑，喚醒國人應對強敵入侵，發出「前事不忘，後事之師！國恥認明，國難可救！」的號召，年輕的《大公報》編輯王芸生受命承擔該專欄的寫作。因連載專欄反響熱烈，《大公報》將其集結成書出版。

◀1946 年春，上海《大公報》同人於漕河涇冠生園農場合影。圖中前排右起第四人為王芸生。

嫉惡如仇　濟弱扶傾如義俠

　　張季鸞病逝後，王芸生繼任《大公報》總編輯。在他的主持下，報紙的言論更加犀利有鋒芒。王芸生認為，記者應有「是非之心，羞惡之心，惻隱之心，獎善懲惡逾法官，濟弱扶傾如義俠。」他自己也正是這麼做的。

　　1942年，河南大旱，餓殍遍野，甚至「人相食」。1943年2月，《大公報》發表了記者張高峰深入災區採寫的《豫災實錄》，揭露了河南的慘狀。王芸生悲憤填膺，提筆寫下社評《看重慶，念中原！》。

　　社評痛斥：「災荒如此，糧課依然，縣衙門捉人逼拶，餓着肚納糧，賣了田納糧。憶童時讀杜甫所詠嘆的『石壕吏』，輒為之掩卷太息，乃不意竟依稀見之於今日的事實。」「河南的災民賣田賣人甚至餓死，還照納國課，為什麼政府就不可以徵發豪商巨富的資產並限制一般富有者『滿不在乎』的購買力？看重慶，念中原，實在令人感慨萬千！」

　　蔣介石讀後勃然大怒，勒令《大公報》停刊三天。但為民請命的《大公報》，卻因而銷量大增。

建言國是　老報新生

　　1945年秋，國共兩黨「重慶談判」得以舉行。8月28日，毛澤東由延安飛抵重慶。《大公報》發表了熱情洋溢的社評《毛澤東先生來了！》。文章開門見山地歡呼：「毛澤東先生來了！中國人民聽了高興，世界人民聽了高興，無疑問的，大家都認為這是中國的一件大喜事。」可以看出，此時的王芸生和《大公報》，對和平的前景充滿了樂觀情緒，對共產黨也充滿敬意。

　　9月1日，在中蘇文化協會的酒會上，王芸生首次見到毛澤東。毛澤東握手說：「久聞大名，如雷貫耳。」而後，毛澤東兩次邀請王芸生到紅岩新村傾談，交換對時局的看法。9月20日，毛澤東、周恩來等人應邀赴大公報館晚宴，欣然題詞「為人民服務」。

　　1947年2月1日，毛澤東在中共中央政治局會議上專門提到：「連《大公報》的王芸生都寫文章講中國只有三個前途，政治協商、南北朝或十月革命，就是沒有美蔣統一中國的前途。」

見證新中國誕生

　　隨着國民黨撕毀協定，挑起內戰，局勢迅速惡化，王芸生的思想也在不斷轉變。1948年10月下旬，在上海《大公報》主持工作的王芸生接到有關人士轉達毛澤東的邀請，要他盡快離滬赴港，將來赴北平參加新政協會議。王芸生假稱休假，先取道抵達台北。他對《大公報》台北辦事處主任呂德潤說：「國民黨大勢已去，《大公報》絕不陪葬，今後將跟共產黨走，香港《大公報》將徹底改變言論方針。」他扮作呂德潤隨

員，兩人乘機於11月8日抵達香港，費彝民等港館同事到機場迎接。

11月10日，香港《大公報》上發表社評《和平無望》，抨擊國民黨腐朽統治，明確指出：「億萬生民的求生力量，才是人類歷史的真正動力。違逆了人民大眾的生存軌道，必無治；摧折人民大眾的求生慾望，必亂……人民大眾終會走上合理生存之路。我們揮淚跋涉，總希望這條真實而持久的和平之路已在不遠。」

中共香港黨組織負責人連貫稱讚王芸生：「你一篇社評的威力，能頂上解放軍的一個軍團。」

1949年2月28日，王芸生與其他民主人士一起，乘船離港，轉戰山東、河北、天津，於3月18日到達北平。在此之前，天津《大公報》已改組為《進步日報》。5月上旬，周恩來為王芸生等餞行，指派其隨解放軍南下。5月27日，身着戎裝的王芸生抵達上海，直奔大公報館。

6月17日，也就是新記《大公報》續刊23周年之際，發表社評《大公報新生宣言》，宣告：「上海的解放，實際是國民黨匪幫的反動政權徹頭徹尾的滅亡，是全中國獲得新生。在這重大的時刻，《大公報》也獲得了新生。」9月，王芸生赴北平參加了人民政協，並出席了開國大典，見證了新中國的誕生。

費彝民

1908年12月22日–1988年5月18日

筆名執中、夷明等，人稱「費公」，
江蘇蘇州人，生於上海。

- 1930年進入天津《大公報》。
- 1936年參與上海館的籌備工作，歷任編輯、社評委員，因投身抗日救亡活動被日本憲兵逮捕。
- 1948年籌備《大公報》港館復刊，任經理、社長。著名社會活動家，為祖國的統一大業做了大量工作。
- 曾出任香港特別行政區基本法起草委員會副主任。

費彝民做「超級聯繫人」 服務《大公報》60年

忠於祖國 當一輩子新聞記者

為《大公報》服務近一甲子、執掌香港版四十年的費彝民，將畢生精力奉獻給了這份報紙。他曾說過，自己人生幸遇三位導師：張季鸞教他做記者、愛祖國；胡政之教他辦報紙、管全局；周恩來教他為國家辦事，為人民服務。他「決心拋棄一切，撕毀出國留學護照，誓言投身報業，當一輩子新聞記者。」擔任《大公報》社長之後，費彝民依舊經常拍發新聞專電，撰寫文章。

1987年5月14日，《大公報》出版第三萬號時，在頭版發表了社長費彝民寫的《一萬號到三萬號》，追述了60年來續辦《大公報》的經歷，

◀1982年，鄧小平會見《大公報》社長費彝民。

◀六十年代《大公報》灣仔新廈落成開幕，費公伉儷與副社長李俠文（右三）、馬廷棟（左二）等合照。

也充滿深情地回顧了他與《大公報》的深厚情緣。這堪稱是一部《大公報》的「簡史」，亦是費彝民個人的一份「簡歷」。從一萬號到三萬號，他與《大公報》共同走過了近六十年的風雨歷程。

執掌大公　奉獻畢生

　　1925年，17歲的費彝民剛剛從北京高等法文學堂畢業，進入隴海鐵路總公所工作，與張季鸞相識。次年，張季鸞與吳鼎昌、胡政之籌備「新記大公報」，便馳書邀費彝民赴天津工作。而費彝民因父母在堂，且

原職務難辭而婉卻。

　　但費彝民是《大公報》的忠實讀者。1930年他調職瀋陽，便由張季鸞聘為《大公報》駐遼寧通信記者。受胡、張二公「文人辦報，辦報救國」思想影響，他「決心拋棄一切，撕毀出國留學護照，誓言投身報業，當一輩子新聞記者。」他也以實際行動，踐行了這一誓言。

　　1931年5月22日，《大公報》隆重地慶祝出版一萬號，冠蓋雲集，創下中國報業史的空前盛況。費彝民也提前寫了一篇《談大公報的使命》寄到報館，發表在22日當天第十五版頭條。

　　費彝民認為：「大公報館可以說是一部分讀者的一個大規模的、廣義的函授學校，主筆先生便是大教師，報紙便是課本」。因此，《大公報》有「訓導社會的使命」，特別是三點：介紹公民常識，鼓吹社會上有價值的行為或功績，對事關國是的重大問題做系統的討論研究。可以說，費彝民後來執掌《大公報》的新聞工作思想，也發軔於此。

百折不撓　　反抗日寇

　　「九一八」事變爆發後，費彝民擠上一輛難民火車，才得以返回天津，正式加入《大公報》。不料，旋即又趕上了天津事變。日軍封鎖租界，當時在旭街出版的《大公報》，無法運出。

　　在此次緊急事件的處置過程中，費彝民的才幹得到充分展現。面對封鎖，《大公報》報館沒有絲毫消極等待。胡政之和費彝民馬上動身到法租界，多方奔走尋找新館址，連夜辦好了租房、登記等一切手續。張季鸞在日租界內指揮全館員工通宵拆卸機器、字架，到新館址重新安裝，連夜編排。第二天《大公報》照常出版，運往全國各地。

　　費彝民後來說：「這是大公報第一次以百折不撓的精神為抗日而做

出的艱苦奮鬥，在全國讀者面前，表現了《大公報》同仁頑強不屈的戰鬥精神，和大家愛國愛報的英勇氣概。」

　　1936年4月，鑒於華北局勢危急，《大公報》提前部署，創辦上海版。費彝民被調至滬館工作。1937年12月，上海《大公報》停刊，費彝民留守孤島，其間曾擔任《文匯報》主筆、法國哈瓦斯通訊社（法新社前身）中文部主任。1945年6月18日，上海日本憲兵隊逮捕了為《文匯報》工作的費彝民等5人，後經營救獲釋，前往重慶《大公報》，直到抗戰勝利後返滬。

▲《大公報》在港復刊25周年酒會員工合影。

▶費彝民一生都忠於自己摯愛的《大公報》事業。圖為費彝民手跡。

費彝民的組織與管理才能，得到了胡政之的充分信任。1948年3月，胡政之率費彝民、李俠文等人赴港籌備復刊《大公報》港版。費彝民任港館經理，擔負實際責任。

3月15日，香港《大公報》正式復刊。復刊號報頭下印有「第15934號，督印人費彝民」。復刊一個多月，胡政之病逝。1952年，費彝民擔任香港大公報社長，直到1988年辭世。

牽線搭橋　為國奔波

擔任《大公報》社長之後，儘管報館內外事務繁重，但費彝民依舊經常拍發新聞專電，撰寫文章。《大公報》是向國際社會介紹新中國的重要輿論窗口，而費彝民亦是一位溝通海峽兩岸、國內國際的「超級聯繫人」。

1963年，香港上演了一次近代京劇史上史詩級的會面。已定居台灣的「冬皇」孟小冬，與來自北京的馬連良、張君秋等人，在闊別十幾年後首次重逢，而地點，就是《大公報》社長費彝民的會客室。正是費彝民的牽線搭橋，讓孟小冬答應回港觀看了馬連良等人的演出，並暢敘友情。

很多難於蜀道的事，到了費彝民手中，似乎都變得遊刃有餘。《大公報》同仁讚譽他是「處理對外關係的第一流人選」（唐振常語），就連一些對立人士，也佩服他是「統戰高手」。

華人女作家韓素音曾對新中國抱有偏見，費彝民卻成功說動她1956年回國。韓素音首次見到周恩來就被其人格魅力折服，以後回國與周恩來見面前後多達8次。

至於費彝民本人，與周恩來見面就更多了。他曾說「周恩來總理一

生為公，鞠躬盡瘁，我先後蒙他接見五十多次……」1958年，有一次在中南海西花廳，「談到《大公報》的時候，總理說：我們肯定《大公報》三點：一、《大公報》是一貫愛國的；二、你們是堅決抗日的；三、你們培養了不少有用的新聞人才，並為黨和國家所用。」

費彝民說：「以我個人而言，過去六十年先後受張季鸞、胡政之兩位前輩的訓導：張公教我如何做記者、愛祖國。胡公教我如何辦報紙、管全局。全國解放後，又蒙周恩來總理教我如何為國家辦事，為人民服務。」

推動交流　不遺餘力

改革開放之後，費彝民依舊奔走於香港與內地，為港商投資內地、香港回歸、文化交流等，作了大量工作。

1982年6月15日，鄧小平會見費彝民等港澳部分人大代表、政協委員時，首次正式通報：「到1997年必須收回香港主權……但對香港仍要繼續維持自由港、貿易金融中心不變。」1985年，香港基本法起草委員會成立，費彝民出任副主任委員。

1982年3月，法國駐港總領事代表法國政府授予費彝民榮譽騎士勳章，並稱讚他：「生活本身處於永恆的變化之中，關鍵是能夠忠於自己，忠於自己的親人，忠於自己的祖國，而費先生正是這樣的人。」

如果還要加上一句的話，那就是，費彝民始終忠於自己摯愛的《大公報》事業。

愛國情懷　洋溢筆端

費彝民被稱為「報壇巨匠」，他不僅組織管理有方，亦是文章妙手，筆端既洋溢着激情，又富於理性的研判分析。

1931年「九一八」事變之前，費彝民奉張季鸞之召，到天津面陳東北時局，撰寫了長文《產業救國及其政策》，受到張季鸞激賞。從7月31日至8月2日，連載三天。這是費彝民早年在《大公報》發表的第一篇具分量的重磅文章。

而且張季鸞將其放在了緊隨社評的顯要位置。這對於一位初出茅廬的青年記者是莫大的鞭策。半個多世紀後，費彝民憶及此事依然引為「殊榮」，對張季鸞的栽培感懷至深。

這篇文章很敏銳地警醒國人建設「經濟國防」。指出：「日本人最近提倡的預備來華設廠，挾其固有的資本與技術，利用中國低廉的勞工，以中國廣多的缺乏國家意識的消費者為對象，來與中國落伍的工業界決鬥，在這樣一個競爭中，吾國的產業界還有幸免的希望嗎？」費彝民並提出了產業政策的原則，包括：做到「農業自給」和「工業準備」、利用現在歐美生產手段、均富社會等。

1932年，他又在《大公報》上發表《航空救國》等文章。「救國」，成為費彝民文章的最鮮明底色、最重要關鍵詞。

1945年12月24日，天津《大公報》發表了費彝民的《台灣周行》：「台胞雖受異族統治50年，但始終保持祖國文化，懷念祖國景物，光復之後，各地台胞歡欣鼓舞之熱情，可於其瘋狂慶祝熱烈歡迎中見之。」

當時，費彝民與其他赴台北參加日本投降儀式的記者，歷時23天遍

歷全台各地。這是台灣與祖國分離了半個世紀後，迎來的第一個大陸記者團。在阿里山，記者團受到熱烈歡迎。費彝民代表記者團致辭：「沒有到阿里山，不知道台灣的美麗；沒有到阿里山，不知道台灣的偉大；沒有到阿里山，不知道台灣的富藏；沒有到阿里山，不知道台灣同胞愛國的熱烈。」

組大公籃球隊　征戰奧運

抗戰勝利後，《大公報》重返上海。費彝民擔任副經理、社評委員等職。除了是報界翹楚，《大公報》在體育領域也留下了名垂青史的篇章。

當時，籃球運動興起，報館管理層敏銳地捕捉到風氣，1946年初決定組織「大公籃球隊」。此事由費彝民主持，他出面多番游說，終於打動了歸國比賽的菲律賓華僑「群聲」籃球隊球星蔡文華、李世僑等人，加入「大公隊」。領隊由《大公報》編輯主任許君遠擔任。「大公隊」人才濟濟，氣勢如虹，很快譽滿滬上，成為全國實力最強的勁旅。

1948年倫敦第十八屆奧運會，以「大公籃球隊」為班底組建了中國籃球隊，十名球手中大公獨佔六人。他們在奧運會上先後擊敗比利時、韓國、伊拉克隊，創造了中國籃球史和中國奧運史的新紀元。

「大公隊」後來還輾轉東南亞各國比賽交流，大受華人華僑歡迎，對於推動中國籃球發展，作出了不可磨滅的貢獻。

◀ 1948 年，大公籃球隊出征第十八屆奧運會，火車廂中間者是費彝民。

范長江

1909-1970

原名范希天，四川內江人。

- 1935年夏，以大公報特派記者的名義，到西北各省採訪，撰寫了大量通訊，向國統區讀者介紹了紅軍長征的真實情況。《大公報》將這些通訊結集成書，出版《中國的西北角》。

- 抗戰爆發後，出任上海大公報採訪部主任，指揮戰地記者的採訪工作。

人物誌

范長江深入西北角　率先報道紅軍長征

胸懷國家前途　踐行文章報國

　　在大公報120年的歷史上，名記者編輯輩出，在這些人物中，范長江無疑是一個格外響亮的名字。深入西北邊塞，直擊西安事變，毅然進入延安採訪毛澤東，直至後來成為新中國新聞事業的開拓者。可以說，范長江在《大公報》成就了個人事業的首次巔峰，而《大公報》也因范長江的一篇篇報道收穫了廣泛的讚譽。日前，范長江長子范蘇蘇在北京接受了大公報記者的專訪，范蘇蘇表示，《大公報》崇高的報格對父親的一生產生了深遠的影響，而《大公報》同仁的鼎力支持更是成就父親新聞事業的重要保證。

　　1934年12月，一篇有關北大軍訓風潮的通訊文章出現在北京的地方

▲1937年，毛澤東寫給范長江的親筆信。

◀1951年，全國政協一屆二次會議期間，毛澤東與范長江親切交談。

報紙上。文章觀點鮮明、言辭有力，很快吸引了時任《大公報》經理胡政之的注意。幾經輾轉，胡政之成功找到了這個署名「長江」的年輕筆者。愛才心切的胡政之與其進行了一番長談，表達了延攬之意，這個年輕人也受到《大公報》聲望的吸引，兩人一拍即合。自此，開啟了一段輝煌的報章時代。

國難當前　匹夫有責

范長江加入《大公報》時，正是日本逐漸擴大侵華勢力範圍的時期。國內生靈塗炭，以《大公報》為代表的報業脊樑，嚴厲譴責日本的暴行，呼籲國內一致抗日。為了持續發出正義之聲，《大公報》更六易其址，領頭人胡政之也有過寧可吞幣自盡也不投降的義舉。當時，在范長

江心裏，《大公報》是極有報格與聲望的，對有志於新聞事業的人而言，具有強烈的吸引力。

就在國難當頭、戰事焦灼之際，范長江以敏銳的新聞嗅覺意識到，抗戰的大後方一定在中國的西部，而這是中國最落後的地方，應當有人去考察，發表文章，引起人們的注意。而且也應該去研究紅軍北上抗日的問題，最好能到紅軍中去，徹底弄個明白。但是，耗時費事、長途跋涉，去探索未知的新聞，很多人都不支持范長江的想法，更沒有人樂意為其「埋單」。

這時，胡政之又站了出來，他不僅批准了范長江的採訪計劃，更同意預支稿費，全力支持范長江的西北之行。正是這次採訪，使得《大公報》第一時間報道了紅軍長征的真實情況，范長江自此一舉成名，《大公報》也再度翹首報界。

延安長談　堅定信念

1937年2月，范長江到達西安和延安進行採訪，這是中國報紙上首次出現毛澤東、朱德、周恩來等中共領袖人物形象，范長江也因此成為中國記者採訪延安第一人。這一次的延安之行，也成為范長江個人及《大公報》報道史上一次極其閃亮的時刻。

「當時我父親十分想了解西安事變的真實情況，在聽了周恩來的介紹之後，我父親開始對中國共產黨以及中國革命的前途有了全新的認識。」范蘇蘇說，在周恩來的安排下，父親如願見到了毛澤東，而這次見面也徹底改變了父親一生的軌跡。

范蘇蘇說，當時毛澤東與范長江進行了一場徹夜長談，時間接近10個小時。「因為我父親是進入延安的第一個記者，所以毛澤東十分熱情

地歡迎他，我父親也十分興奮，有問不完的問題。當時，毛澤東主要談了三個問題，其一是當時中國革命的性質問題，其二是民族矛盾和階級矛盾的關係問題，其三是抗日戰爭的戰略問題。」

「那次長談之後，我父親茅塞頓開。他十幾年來一直思考並深感困惑的問題，都被毛澤東清楚地解答明白了。」范蘇蘇說，父親當時就表示要留在延安，跟隨共產黨一起戰鬥。但當時毛澤東審時度勢，給我父親做了另一個明確的指引，「當時毛澤東很明確地說，希望我父親盡快回到《大公報》，把共產黨建立抗日民族統一戰線的主張介紹給廣大人民。」

後來，范長江聽從了毛澤東的建議，即時返回了上海的大公報社，並在胡政之等的支持下，不顧國民黨的禁令，刊發了中國共產黨的政策主張，發表了《動盪中之西北大局》一文，並迅速在全國上下引發熱潮。有關西安事變、中國共產黨的抗日主張等一系列重大問題的真相也得以透過《大公報》向全世界公開。

消息之快　讀者驚嘆

《大公報》對范長江的支持是全方位的。這既體現為《大公報》報格對范長江從業精神的深刻影響，也體現在《大公報》同事與范長江的默契配合上。比如，當年著名的《大公報》「一支筆」王芸生就對范長江有過很大的幫助。二人合作的快訊既是當時新聞界的一樁奇觀，更是《大公報》史上的一段佳話。

據王芸生後人的回憶文章描述：「在戰地前沿，范長江經常是用軍用電話直接向《大公報》編輯部口述稿件。在編輯部守候的王芸生常常是在深夜接到電話，速記成文，直接送到印廠排字上版，消息之快，許

多讀者都為之驚嘆。」

范蘇蘇說，《大公報》集體的氛圍和環境對父親的成長起到了很大的影響。為此，范長江也拚盡全力，用一篇篇報道踐行着《大公報》「文章報國」的精神理念，「我父親在《大公報》工作四年，幾乎一直在一線跑新聞，僅僅戰地通訊就寫了二十多萬字。」

「毫無疑問，在《大公報》工作時期，是我父親人生中最輝煌的時期之一。」范蘇蘇表示，這份報紙對國家命運的深切關懷，報館同仁們對民族前途的不斷思考，以及他們內部那種互相砥礪、彼此支持的氛圍，對我父親的一生都產生着深遠的影響，並成為他人生一筆至為寶貴的財富。

◀1959年，范長江（左一）與家人在廣州合影。

▶1935年夏，《大公報》記者范長江到西北各省採訪，撰寫了大量通訊，成為向國統區讀者介紹了紅軍長征真實情況的第一人。《大公報》將這些通訊結集成書，出版《中國的西北角》。

范長江談學做新聞記者

- 要有一個正確而堅定的政治態度。

- 要能夠堅持真理的火炬，本着富貴不能淫、貧賤不能移、威武不能屈的精神，代表人民的利益而奮鬥。

- 要有豐富的知識，而且既要博，又要精。

- 記者應該盡可能利用四周可能的環境，接受技術鍛煉。

- 身體健康。

▲2014年開始，《大公報》啟動「范長江行動」，組織香港傳媒學子走進內地，在採訪中學習和發揚范長江「記者永遠在路上」精神的同時，深入了解祖國發展。圖為2019年，參加甘肅行的學子們在蘭州交大校園合影。

育才興業　范公素願

在《大公報》創刊120周年之際，范蘇蘇對《大公報》今後發展送出寄語：「我想借用書畫家謝冰巖為首屆范長江新聞獎頒獎時題寫的八個字『育才興業　范公素願』作為送給《大公報》的寄語。歷史上，《大公報》曾為中國新聞事業培育了大量的優秀人才，未來相信《大公報》還會繼續為中國新聞戰線輸送優秀的記者，並為中華民族偉大復興的事業，作出屬於一份功勳報紙的新貢獻。」

「《大公報》爲父親提供施展才華機會」

人們都知道范長江是《大公報》的名記者，但事實上，在進入《大公報》前，范長江有着極其豐富的人生履歷。他年輕時曾想報考黃埔軍校，還加入過賀龍領導的國民革命軍第20軍教導團，成為一名學生兵，更參加過著名的「八·一」南昌起義。後來他先是就讀於南京的國民黨中央政治學校，又在北京大學哲學系求學。可以說，從政、入伍、治學，都曾是范長江近在咫尺的人生選項，但很多人都沒想到，他最終會成為一名新聞記者。

「其實，我父親對於政治、軍隊和學院的投入和離開，都基於同一個原因。」范蘇蘇說，父親從軍，是想直接投身革命，參與救國救民的事業。治學，又是想去探求解救國家於水火的真理。但無論是入伍，還是治學，當時的現實都給了他沉重的打擊，讓他一次次失望。最後，《大公報》為我父親提供了施展才華的機會。與此同時，在毛澤東、周恩來等中共領袖的幫助下，我父親才最終走上了奉獻熱血、報效國家的新聞之路。

「以天下為己任」

范蘇蘇還介紹說，宋代著名政治家、文學家范仲淹是家族先祖。根據族譜，范長江是范仲淹的第三十一代孫。他的祖父范延馨更是十分推崇和強調范仲淹提出的「先天下之憂而憂　後天下之樂而樂」的思想，可以說，這種「以天下為己任」的情懷和追求，很早便深深扎根在父親的心底裏。

喬裝老農民　混進西安城

　　1936年底「西安事變」爆發後，舉國震驚，很多人都迫切想知道箇中內情。在與胡政之商定後，范長江旋即踏上了西行之路，但臨到西安城，重重守軍和嚴格的盤查卻阻住了范長江的探訪之路。

　　范蘇蘇說，父親曾對我的叔叔講過一段「秘聞」，「據我叔叔回憶，當時為了順利混進西安城，父親便找到了一位老農，用自己的皮帽和斗笠，交換了老農的破舊布衣，隨後又在臉上塗抹了一層泥土。」經過一番變裝，范長江終於成功進入了西安城，並最終見到了楊虎城和周恩來。

　　「我叔叔說，後來父親還曾借用匈牙利著名詩人裴多菲的名作，寫了一首打油詩——斗篷誠可貴，帽子價更高，若為搶新聞，兩者皆可拋。」范蘇蘇說，正是靠着這樣一股不屈不撓的勁頭兒，父親終於不辱使命，成功完成了《大公報》交給他的採訪任務，同時也成就了一段業界佳話。

▲1937年11月8日，《大公報》記者范長江（左圖左一）等人組織成立「中國青年新聞記者協會」，在中國共產黨領導下，為抗戰與解放戰爭的勝利作出巨大貢獻。2000年，中國政府將「青記」成立的11月8日定為記者節。

呂德潤

（1918–2009）

生於河北晉縣，1943年畢業於復旦大學。

- 1944年春至1945年秋任重慶《大公報》駐印度、緬甸特派戰地記者，隨中國遠征軍征戰印緬。
- 1945年回國後歷任天津、上海、香港等地《大公報》特派記者、編輯，上海《大公報》駐台灣特派記者、辦事處主任。
- 1949年9月任《大公報》駐京辦事處負責人。
- 1981年任香港《大公報》駐北京特派記者。

人物誌

呂德潤深入緬北　搭轟炸機直擊戰況

大公報戰地記者走在抗戰最前線

　　「如果你沒法阻止戰爭，那你就把戰爭真相告訴世界！」這是戰地記者信奉的一句格言。抗日戰爭期間，時年25歲的《大公報》記者呂德潤被派駐緬北戰場一年零三個月，這位中國遠征軍「真正的前鋒」，撰寫了大量生動的獨家通訊。他乘坐最前方的戰車、搭乘B–25轟炸機，將遙遠的戰役推近到國人眼前。近日，《大公報》記者專訪呂德潤之女呂安妮，她向《大公報》記者描述了其眼中的父親作為戰地記者出生入死的英勇，並追憶了父親對《大公報》事業的畢生熱愛。

　　呂安妮說：「《大公報》同仁們也稱父親是大公報戰地記者的小老

▲1943年，中國遠征軍入緬作戰行軍隊列。

◀二戰期間，呂德潤作為《大公報》戰地記者，把在緬甸、印度戰場上的見聞寫成通訊，後結集成書。

虎之一。國人評價他的通訊不似象牙塔裏的文人手筆，更多的是豪邁隨意的『大兵風格』，而且文字生動幽默。」

親臨第一線　寫出好文章

清晰記得，正值2005年抗戰勝利六十周年，筆者獨家專訪呂德潤先生。八十七歲的呂老先生幽默健談：「與《大公報》其他幾位奔赴戰場的特派記者相比，我的戰場最便宜，人少規模也小，但是國人極為關心，中國軍人十幾萬，這是中國唯一的救命通道啊，這是和中國關係最密

切的戰場。」

遠離第一現場的人，永遠成不了戰地記者。談及父親的新聞理念，呂安妮回憶道：「他曾多次跟我說過：『採訪新聞哪能在後面！只有親臨第一線，才能寫出好文章。』在第一線，他親眼看見抗戰弟兄們的英雄氣概和殺敵致勝的真實景象，所以能以『大兵風格』記錄真實的場面，將遙遠的戰役推近到國人眼前。戰地記者是一群經常與死神擦肩而過的人，但是他不怕，他情願。」呂安妮說。

呂德潤稱得上「中國遠征軍真正的前鋒」。由於部隊採取交叉作戰，一批前鋒往往在下次作戰中被另一批前鋒取代，而他永遠乘坐最前方的戰車。因常居前線，他還能分辨出山炮和迫擊炮聲的不同。

呂德潤曾親口告訴呂安妮搭乘轟炸機的採訪經歷。為了獲得一線第一手消息，呂德潤主動乘坐B-25轟炸機，親身經歷了盟軍轟炸孟養的全過程。「父親說，那次其實很危險，同批的飛機中就有被敵機打中的。他忘我地走進緬甸的原始森林野人谷，撰寫《野人山訪問記》。野人山的蚊蟲、毒蛇、瘴氣，讓人防不勝防，而每一擊都是致命的創傷。」

對日寇侵略恨之入骨

當年，呂德潤去時正逢7月雨季，地上積着齊腰胸的泥沙，他在採訪札記中寫到：「我們的士兵和馬匹常常陷死在泥裏。前些天，38師又有三個弟兄陷死在泥裏了……」呂安妮說，但父親無畏，他在文章裏寫到：「人們常把對駐印軍的良好物質供應與駐印軍的戰績連在一起，我也想請人們閉目想一想駐印軍的戰士們的艱苦處境。」

呂德潤的「勇」，在呂安妮看來，來自愛國情懷和對日本侵略者的仇恨。抗日初期，父親正在北京讀高中，河北家鄉已經被日寇侵佔，北

▶ 1942年初開赴緬甸作戰的中國遠征軍。

▶ 1986年5月，呂德潤（左）與中緬印戰區美軍總司令史迪威將軍女兒史文迪（中）在宋慶齡故居合影。

京也被侵佔，為繼續讀書，父親與同學結伴作為流亡學生逃難到西安，又流亡到重慶，最終考取重慶北碚復旦大學商學院。日寇的飛機轟炸重慶，他親眼所見學校和百姓被炸的慘狀，所以對日寇恨之入骨。

「隨軍途中，他不知道什麼叫『害怕』，就知道打日本、寫報道，根本不想別的，『不是你死就是我活！』坐在轟炸機上，看到飛機轟炸日軍基地，他忍不住在心裏罵道：『你們炸我們，我們也炸你們！』」

前方戰士索求《大公報》

作為隨中國遠征軍採訪的《大公報》戰地記者，呂德潤以出色的工

作為《大公報》贏得了聲譽和尊重。他曾回憶說：「《大公報》深受前方戰士的喜愛，我至今仍記得前線的戰士向我索求《大公報》時的情景。」

1999年，時任國務院總理的朱鎔基見到擔任國務院參事室副主任的呂德潤，敬重地對這位曾經的戰地記者說：「四十年代，我在白區讀書，就經常在《大公報》上看到您的大名。您的文章我很愛讀。」呂德潤回應說：「謝謝總理，不敢當。」

《大公報》是呂德潤的第一份工作，是他施展才華的天地，這種不解之緣伴隨他終生。呂安妮滿懷感情地說：「從一名剛剛畢業的大學生，到一位名記者，是《大公報》成就了父親，給了他採訪重大事件、重要人物的機會，父親一直為能在《大公報》工作而感到自豪，為能在《大公報》上留下點點滴滴的有影響的報道而感到自豪。」

▲▶呂德潤稱得上「中國遠征軍眞正的前鋒」，他在第一線採訪，親眼看見抗戰將士的英雄氣槪和殺敵致勝的眞實景象，所以能以「大兵風格」記錄眞實的場面。因常居前線，他還能分辨出山炮和迫擊炮聲的不同。

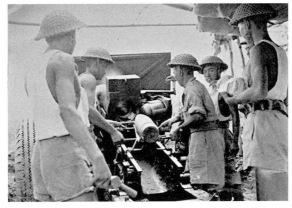

東北戰場通訊　引發社會轟動

　　1945年，呂德潤隨遠征軍回國後，被派到天津《大公報》任駐東北特派記者。與他一同派往東北的還有因撰寫《豫災實錄》而聲名鵲起的張高峰。他們有着關心社會、心繫百姓的立場，通過其生動的文字，依然可以真切體會到當時的社會動盪。

　　在東北時，杜聿明、廖耀湘等人的司令部，呂德潤可以隨便進出。特別是「軍調小組」到地方去活動，新華社記者不能去，呂德潤作為《大公報》記者可以去。

　　張高峰之子張刃曾撰文追憶：「呂伯伯說，那時候，《大公報》的報道是很有影響和分量的，連蔣介石都是寧肯相信《大公報》，不信《中央日報》。越是如此，我們做記者發稿越要慎重，越要堅持客觀報道立場。他說，當時的東北保安司令長官杜聿明曾經下令給我和高峰配備全套美式裝備，我們拒絕了。杜問為什麼？我們說，拿人手軟，穿了你們的衣服，就不好『罵』你們了。弄得杜哭笑不得。」

《哈爾濱之行》呈現真實的解放區

　　從1945年日本投降後，直到1948年遼瀋戰役，在這3年，呂德潤通過傳神激情之筆向讀者傳達了許多訊息：東北光復後的民眾欣喜、日本僑民的情況、蘇軍在佔領東北時期的所作所為、內戰下的社會生態、戰場的殘酷景象、官員的貪腐無能、民眾所受的壓榨……這些新聞稿件，文字簡潔，細節尤多。

　　呂安妮說，1946年1月，美國、國民黨、共產黨成立了「三人小組」

，就停止國內軍事衝突進行談判，總部設在東北。此時，採訪「三人小組」成了父親的主要任務，父親穿梭在三方中間，採訪三方高官，拿到了第一手材料，寫了多篇電訊、通訊，發表在《大公報》上。

其中長篇通訊《哈爾濱之行》，客觀反映了當時的政治、軍事形勢，報道了東北解放區的見聞，在《大公報》上連載三天，這在當時引起了很大轟動。

大公「夫妻檔」 夫唱婦隨

▲呂德潤和夫人虞懿在《大公報》相戀並結為夫妻。

呂德潤的夫人虞懿和他同為大公報人。他們是《大公報》夫妻檔中的一對令人稱羨的神仙眷侶。據呂安妮講，母親是上海聖約翰大學英文系畢業，畢業後到上海《大公報》擔任英文資料翻譯和編輯。

年輕時，呂德潤瀟灑帥氣，虞懿美麗嫻靜。才子佳人於1948年結為伉儷，攜手走過一個甲子時光。直至二十多年前，筆者結識呂老先生出入家中，仍能感到兩位老人的默契。虞懿話不多，客人來了打完招呼往往就一旁迴避，呂德潤則是爽朗健談，一同小聚，興之所至，呂老先生還能招呼大家喝上幾杯小酒，夫人看着他在一旁微笑。

1998年，《遠征緬北》的通訊報道集結成書，呂德潤在序言最後寫下一段話：「最後我要向我的妻子，老編輯虞懿致謝，沒有她的支持，沒有她的辛勤整理和編輯，本書是無法與讀者見面的。」

一朝大公人　一世大公情

呂德潤在《大公報》歷史上創有諸多第一，甚至是唯一：首任駐台灣辦事處主任和改革開放後首任駐北京辦事處主任。他的《大公報》首任駐台主任經歷，歷經七十載，至今尚未有人承續。實現祖國統一，是呂德潤直至生命盡頭未竟的心願。

據呂安妮講述，1948年1月，父親又領到新任務，被任命為上海《大公報》駐台灣特派記者，不久成立《大公報》台灣辦事處，父親兼任主任。在台灣期間，父親仍然遵守《大公報》愛國、愛民、客觀、公正、嚴明的立場，多次報道進步學生運動。

1949年4月，台灣當局開始逮捕進步人士，要對呂德潤報道台灣逮捕學生和東北時期不利於國民黨的新聞予以清算，並下令逮捕，呂德潤聞訊後帶着剛出生不久的女兒、體弱的妻子離開台灣到達香港。「之後聽父親說，他們離開不久，台灣當局即查封了《大公報》台灣辦事處，並登報說父親『通匪』，讓人檢舉父親下落，好加以法辦。後來，父親在《大公報》上寫了《紙幕台灣》的長篇通訊，揭露了台灣當局的種種黑幕和反動勾當，社會反響不小。」

促進兩岸交流　心繫統一事業

1990年，已擔任國務院參事室副主任的呂德潤，利用自己廣泛的統戰背景和海內外資源，為海峽兩岸交流做了諸多工作。彼時，台灣當局尚禁止大陸記者訪台。呂德潤通過中新社發表談話，呼籲台灣當局放寬對大陸記者對台採訪的限制，提出應當在新聞界實行雙向交流，引起兩岸新聞界高度關注。《大公報》轉載了中新社這一訪問。

一年後，新華社記者范麗青和中新社記者郭偉峰首次踏上台灣的土地，開啟了兩岸新聞雙向交流的首頁。呂安妮說，「父親這項頗具前瞻性和開拓性的倡議見諸報刊後，對於推動破冰起到了積極的推動作用。」

一朝大公人，一世大公情。古稀之年的呂德潤還在為《大公報》在台灣的恢復發行全力奔走。1995年《大公報》計劃向台灣發行，報館專函邀請呂德潤和夫人虞懿赴港商討。返京後呂德潤將《大公報》情況及香港新聞界情況向主管港澳事務的錢其琛副總理作了匯報。頗具巧合的是，錢其琛正是呂德潤上世紀四十年代的上海《大公報》同事。

錢其琛和呂德潤都有很深的大公情結。據說，當年《大公報》不少活動都由呂老出面邀約錢其琛副總理，而錢都欣然赴約。

▲呂德潤曾說過：「只有親臨第一線，才能寫出好文章。」圖為青年時代的呂德潤。

▶1944年6月3日，毛澤東（前排左二）在陝北延安接見「中外記者參觀團」，毛澤東右邊為《大公報》記者孔昭愷（前排左一）。

資料圖片

歷史轉折

中共黨史館權威佐證　紅軍長征偉大轉折

一張報紙定乾坤　百年大公垂青史

2022年6月17日，《大公報》將迎來創刊120周年紀念日。而就在一年前，2021年6月18日，中國共產黨歷史展覽館開館，成為展示百年中共奮鬥歷史的精神殿堂。近日，《大公報》記者參觀黨史館時看到，一張《大公報》版面陳列在展覽館內長征展區。1935年，毛澤東正是在《大公報》上獲知陝北紅軍和根據地依然存在的消息，進而作出「到陝北去」的決定。這是《大公報》「影響紅軍長征方向」的權威佐證。

近日，《大公報》記者走進中國共產黨歷史展覽館（以下簡稱「黨

紅軍長征線路示意圖

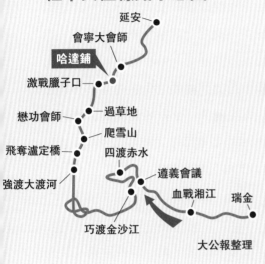

延安
會寧大會師
哈達鋪
激戰臘子口
懋功會師 — 過草地
爬雪山
飛奪瀘定橋 — 四渡赤水
強渡大渡河 — 遵義會議
血戰湘江
瑞金
巧渡金沙江

大公報整理

▲紅軍長征哈達鋪紀念館內的毛澤東手持《大公報》雕像。

《大公報》登載陝甘紅軍消息

▲1935年，毛澤東在《大公報》上獲知陝北紅軍和根據地依然存在的消息，進而作出「到陝北去」的決定。圖為陳列於北京中共歷史展覽館長征展區的《大公報》版面。

大公報實習記者郭瀚林攝

史館」），感受紅色血脈傳承。黨史館位於北京市朝陽區奧林匹克公園內，從籌建到對公眾開放歷時三年。場館外觀採取柱廊式結構，設計風格與人民大會堂、國家博物館等經典建築一脈相承，整體建築突出中國特色的對稱風格，氣勢恢宏而簡約莊重，充分融合了文化傳統與時代氣息。

進入序廳，首先映入眼簾的便是一幅震撼人心的漆畫作品《長城

頌》，畫面中巍巍長城如騰雲巨龍，穿梭盤旋於廣袤山河之上。這幅高15米，寬40米的巨幅壁畫，專為黨史館序廳量身定製。整場展覽以「不忘初心、牢記使命」為主題，按中國共產黨歷史上的不同時期劃分而成的四大展廳宗旨鮮明，節奏清晰，黨的歷史與發展過程娓娓道來。記者走上黨史館二層，便來到以「長征」為主題的「全景式沉浸式體驗區」，它以「4D＋6面」全景影院的立體形式直觀還原了血戰湘江、飛奪瀘定橋，紅軍爬雪山、過草地等一幕幕可歌可泣的歷史場景。

關鍵作用　紅軍揮師奔赴陝北

長征展區不僅有新媒體，也有老報章，二者一動一靜共同鐫刻着長征的記憶。記者注意到，一張1935年9月2日發行的《大公報》版面圖片，清晰登載着陝北紅軍劉志丹徐海東部隊和陝北根據地的情況，黨史館圖片配文顯示：「1935年9月18日，紅軍到達甘肅岷縣以南的哈達鋪。在這裏，根據從當地找到的報紙上獲悉的陝北紅軍和根據地仍然存在的情況，毛澤東提出到陝北去。同時北上紅軍正式改編為中國工農紅軍陝甘支隊，彭德懷任司令員，毛澤東任政治委員。」展覽內容以承上啟下的時空線索，昭示着《大公報》對中國革命航向的關鍵作用。一個月後的10月19日，這支部隊順利抵達陝北吳起鎮，宣告紅一方面軍長征勝利結束。

見證歷史　百年老報不忘初心

黨史館對於《大公報》的權威引述也佐證了一直以來學術界對於「一張報紙決定紅軍長征方向」的觀點。到陝北去，到陝甘邊區建立革命根據地，這是紅軍長征路上的一次偉大轉折。直到現在，在甘肅哈達鋪

民間還流傳着「一張報紙定乾坤」的佳話，《大公報》與這一岷山東麓重鎮的歷史淵源口口相傳，提醒後人銘記《大公報》對中國革命事業無可取代的價值。

　　1902年6月17日在天津創刊的《大公報》，是現存歷史最悠久的中文報章，報名取意為「忘己之為大，無私之謂公」，被國學大師季羨林先生譽為：「一部百科全書式的中國近現代史」。抗戰時期，《大公報》以專業翔實獨立的報道和評論獲得美國密蘇里新聞獎。這份報紙不僅記錄和見證了近現代史的重大歷史事件，而且推動了歷史進程。正是歷經120載風雲激盪而存續至今的中國報界金字招牌，在87年前的關鍵時刻為中央紅軍指出了一個明確的方向——陝北。這是挽救和改變紅軍命運的禮物。時代不斷變換更迭，但歷史記憶永不磨滅。

◀觀眾在北京中共歷史展覽館了解紅軍長征故事。
大公報實習記者郭瀚林攝

系列報道改寫中國革命歷史

　　針對「一張報紙決定紅軍長征方向」的說法，大公報史專家、南開大學侯杰教授表示，長征途中，毛澤東、周恩來等人於1935年9月19日後陸續來到甘肅哈達鋪，通過不同渠道獲得了《大公報》等報刊。侯杰尋找到的史料證實：「中共中央早期領導人之一張聞天於1935年9月22日在哈達鋪寫的『讀報筆記』——《發展着的陝甘蘇維埃革命運動》中，詳細地摘引了7月23日、29日、31日、8月1日的《大公報》上有關紅軍在陝甘活動的消息。」

范長江報道紅軍長征揚名

　　「張聞天的文章，足以證明紅軍抵達哈達鋪後，中央領導人確實看到了《大公報》有關陝北的報道，然後召開會議決定到陝北去建立根據地，最後領導全國人民奪取了抗戰勝利。」侯杰認為，長征中的紅軍應當是根據《大公報》有關陝北蘇區的「系列報道」，而非某一則「具體消息」做出的這一戰略性決定，進而改寫了歷史進程。

　　對於中國共產黨歷史展覽館在長征展區收錄了《大公報》相關圖片和故事，侯杰表示，這非常有意義、有價值。「《大公報》與中國共產黨的百年歷史有着緊密的聯繫，其一是，有很多共產黨員以公開或秘密的身份參與了《大公報》出版發行工作，直接和間接地宣傳、貫徹了中國共產黨在不同歷史時期確立的路線、方針、政策，並取得了輝煌成就；其二是，有許多《大公報》記者以自己十分卓越的新聞實踐，讓中外讀者和社會各界人士開始認識，並不斷親近甚至投入中國共產黨及其領

導的革命事業。」

　　關於《大公報》與長征的因緣，侯杰還專門提到了《大公報》知名記者范長江。1937年，范長江與周恩來首次見面，周恩來情真意切地說：「你在紅軍長征路上寫的文章，我們沿途都看到了。我們紅軍裏的人，對於你的名字都很熟悉。你和我們黨和紅軍都沒有關係，我們很驚異你對於我們行動的研究和分析」。周恩來這番話無疑是對范長江紅軍長征的系列報道與評論的讚揚和肯定。

　　侯杰指出，《大公報》自1902年在天津創辦後，至今仍在香港出版，它不僅記錄了中國近現代社會的變遷，而且見證了中國共產黨和中國革命的發展進程，還引領了中國社會的變革。

▲遊客在甘肅省宕昌縣哈達鋪鎮參觀紅軍幹部會議會址。　　　　　　　　　新華社

▶位於甘肅南梁革命紀念館前的《大公報》雕塑，吸引遊客駐足參觀。

甘南明珠哈達鋪與《大公報》

　　地處甘南的哈達鋪是一座坐落於岷山腳下的安寧小鎮，87年前，這裏是紅軍長征歷盡艱辛後的絕處逢生之地。哈達鋪紅軍長征紀念館辦公室主任趙王林介紹了那段歷史：「時任紅一軍團直屬偵察連連長梁興初、指導員曹德連按照毛主席『在完成主要任務後，給我們找點精神食糧來』的指示，帶領偵察連化裝進入哈達鋪開展偵察工作。在郵政代辦所繳獲了一批近期的報紙，其中《大公報》登載有陝北紅軍劉志丹和徐海東部隊活動的消息以及陝北根據地的消息。」

　　在此之前，紅軍長征還沒有明確的目的地，正是這一信息為新的偉大征程指明了方向。趙王林說：「為什麼是《大公報》？這是因為中央總部進入哈達鋪之後，有兩個領導人最後寫了讀報筆記，基本上大量引用的都是《大公報》的報道；第二個原因是《大公報》的報道，向來比較客觀詳細，這是當時其他報紙所不能比的。毛澤東進一步分析了形勢，研究制定了有關紅軍今後的發展方向，初步決定與陝北紅軍會合。」

　　人們或許疑惑，當年交通條件落後，《大公報》的出版地又在幾千里外的天津，報刊是怎樣出現這座甘南小鎮的？對此，南開大學教授侯杰進行了解答，哈達鋪雖地處西北，但自明朝以來就是商貿重鎮，盛產名貴中藥材，吸引了來自各地的商人。因此當地很早建立了郵政代辦所等機構，郵寄信件和報紙，溝通各地信息。《大公報》就這樣跨越了大半個中國，成為改變中國命運的一份禮物。

古稀觀眾賦詩　讚頌大報風範

歷經二輪甲子難，忽有一張不等閒。

當年長征戰風浪，急尋落腳定心丸。

偉人雄才三軍暖，博覽群報避飢寒。

大公消息降瑞雪，陝北會師改容顏！

　　這首《大公報與長征》是一位東北籍退休老人佟先生在參觀黨史館展陳《大公報》歷史版面後揮筆的詩作。今年4月，佟先生姐弟三家六人以67到79歲之齡，歷時近四個小時參觀了黨史館。古稀之年的佟先生結束當日參觀後，有感於《大公報》與長征的緊密聯繫，故步毛澤東《七律·長征》韻賦詩一首以作紀念。

　　今年23歲的香港青年徐天賜是北大國際關係學院中共黨史專業一名在讀研究生，當他參觀黨史館長征展區時，一眼就看到了自己熟悉的《大公報》。發行在香港大街小巷的《大公報》能被黨史館作為展物呈現給觀眾，並且還作為「一張報紙決定紅軍長征方向」的佐證，身為香港青年的徐天賜感到一絲自豪。

　　徐天賜感慨道：「《大公報》時時刻刻出現在我們香港市民的身邊，這讓我們習以為常地認為她僅是伴隨我們成長的一份優秀的報紙。但從黨史館的展覽中，我看到了這段未被很多香港青年認知的歷史，看到了《大公報》真正在黨和國家的歷史中發揮的重大作用。」

栽培報人　珍視報格　生生不息

大公密碼：以鋒利之筆　寫忠厚之文

大公報記者　鄭曼玲

一部新聞史，半部在大公。一百二十年來，《大公報》始終與時代同呼吸，與民族共命運，立言為公，文章報國。報上所刊載的文字，既是當時之新聞，更是今天之歷史，其內容之豐富、涉及之廣泛、影響之深遠，恰如一部近現代中國社會發展的百科全書。

對於史學界而言，研究中國新聞史、尤其抗戰新聞史，《大公報》必定是繞不開的媒介。長期以來，評析《大公報》的書籍文章汗牛充棟，其研究角度方向雖各有特色，但觀點結論卻大同小異｜對報章的耕耘、對報人的栽培、對報格的珍視，是《大公報》歷經百年風雨，依舊一紙風行、生生不息的重要原因。而這一「大公密碼」的梳理總結，不僅具有珍貴的歷史價值，對於當今媒體如何肩負使命擔當、緊扣時代脈動、書寫中國傳奇，亦具有不可多得的現實啟示意義。

新聞「四絕」　克盡言責

劉勰有言：「文之思也，其神遠矣。故寂然凝慮，思接千載；悄焉動容，視通萬里；吟詠之間，吐納珠玉之聲；眉睫之前，卷舒風雲之色。」

不少新聞史學者認為，讀《大公報》的文章，就能強烈感受到這種文字的魅力。當中不少經典作品，筆墨行雲流水、酣暢淋漓，又博而不散、紊而不亂，得以引領讀者神思飛揚，縱橫馳騁，會古訪今。最為人

津津樂道的，莫過於上世紀三四十年代《大公報》的社評、星期評論、新聞通訊、副刊，被公認為當時新聞界的「四絕」。

首先是社評。新記《大公報》時期，吳鼎昌、胡政之、張季鸞三人都把社評寫作當作報紙工作的頭等大事，從題目到觀點都須經過共同商量，然後由其中一人落筆，最後再由張季鸞定稿。

就張季鸞的為文風格而言，他是「以鋒利之筆，寫忠厚之文；以鈍拙之筆，寫尖銳之文」，這既是張季鸞對自己社評技巧的概括，也是《大公報》文章的一大特色。張季鸞的政論，不偏激褊狹，不任性使氣，其論事析理，穩健明達，不溫不火，如沐清風，如飲濃茶，娓娓道來，入木三分。他不靠筆走偏鋒、嘩眾取寵來奪人耳目，而是以分析的透闢、說理的犀利而名世。

著名的大公「三罵」——一罵吳佩孚「有氣力而無知識」；二罵汪精衛的領袖欲；三罵蔣介石不學無術，皆出自張季鸞筆下。而他在一九三六年十二月所撰寫的《給西安軍界的公開信》，呼籲「精誠團結，一致地擁護中國」，更在一定程度上推動了「西安事變」的和平解決。

繼承他衣鉢的王芸生也深得真傳，社評寫得有才氣、有骨氣、有銳氣。中國新聞史學會名譽會長方漢奇在《大公報百年史》中評價道，撰寫

▲《大公報》百年史，方漢奇等著，中國人民大學出版社，二〇〇四年第一版。

▲《新記〈大公報〉》史稿，吳廷俊著，武漢出版社，二〇〇二年第二版。

社評的諸公個個都是嫉惡如仇、滿腹經綸的好手，使得《大公報》的社評，從內容到文字，始終保持較高水平，受到讀者的重視和稱讚。

其次是星期論文。《大公報》開闢星期論文專欄起始於一九三四年一月，應邀為專欄撰稿的有胡適、傅斯年、梁實秋、茅盾、老舍、沈從文等。與星期論文相配合，《大公報》還開闢了一些學術專欄，錢鍾書的《休謨的哲學》、費孝通的《鄉土重建》等鴻篇巨構，都曾在此發表。

方漢奇認為，星期論文和學術專欄的開闢，極大提高了《大公報》的文化內涵，提升了《大公報》的社會地位，擴大了它在知識界的影響力。

再次是新聞通訊。《大公報》見證並記錄了諸多具有劃時代意義的歷史節點，克盡言責，從未缺席，新聞通訊也成為《大公報》的一大特色。范長江採寫的紅軍長征系列通訊，蕭乾採寫的二戰歐洲戰局系列通訊，呂德潤採寫的中國遠征軍系列通訊，楊剛採寫的旅美通訊等，情文並茂，文采斐然，發人深省，給讀者留下深刻印象。

最後是副刊。《大公報》對副刊編輯向來十分重視。在蕭乾、楊剛等幾位副刊主編的主

▲一九三七年九月十八日，《大公報》漢口版創刊。

▲一九三四年一月一日，《大公報》在顯著位置刊登了一則「本報特別啟事」，也標誌着薈萃眾多名家學者的「星期論文」從此正式開啟。

持下，《大公報》的文藝副刊發表過不少進步的文學作品，也發現和培養了一大批後來在中國現代文學史上地位舉足輕重的作家。

陳白塵的獨幕劇《演不出的戲》、巴金的《「愛情的三部曲」作者的自白》、胡繩的《上海通俗化問題之討論》等曾轟動一時的作品，還有楊絳的小說處女作《璐璐你不要哭》，都是在《大公報》副刊上發表的。

一九三六年九月，《大公報》續辦十周年，報社決定設立《大公報》文藝獎。曹禺的《日出》、何其芳的《畫夢錄》、盧焚的《谷》等作品在評選中脫穎而出。

在介紹《大公報小說選》時，王芸生曾寫道，「一個老實的刊物，原應是一座橋樑，一個新作品的馱負者」，一語道盡了《大公報》着力辦好「文藝副刊」的初衷。

群英薈萃　愛國敬業

報人是一家報館最大的財富。對於《大公報》而言，栽培打造一支星光熠熠的記者編輯隊伍，無疑是報紙獲得巨大成功並影響日隆的決定性因素。用人方面向來不計學歷，不問出身，唯才是舉。執掌人事大權的胡政之曾經說過，「不怕你有九十九分短處，只要有一分長處我就能用你」。

事實果真如此。《大公報》許多名記者都並非新聞科班出身，范長江、子岡都沒有讀完大學，徐盈、呂德潤、張高峰在大學念的分別是農業、財會、歷史專業，而朱啟平先是學醫，後來才改行。但他們都熱愛新聞工作，有追求，肯努力，《大公報》就充分信任他們，放手讓他們發揮所長。

對於記者新丁，《大公報》有個不成文的規則，即內外互調，輪崗培養。記者在地方跑新聞、做外勤，如果表現突出，報社就會將其調回編輯部做編輯工作；一段時間後再外放各地，成為特派員；如若繼續展現出發展潛力，就會被調回報社，晉升為部門主管或業務骨幹。

如北平辦事處主任徐盈，就曾當過重慶大公晚報的要聞編輯、渝版編輯主任；《大公報》東北特派員呂德潤後來就調到滬版任要聞編輯、台北辦事處主任；抗戰勝利前夕，朱啟平作為特派員隨美國太平洋艦隊採訪，回到上海後就成為滬版要聞編輯。

曾任中國報協書記處書記、《大公報》著名記者張高峰之子張刃在《閒話大公報》中分析，這樣安排的目的，可以讓骨幹人員既懂採編業務，又體會各自甘苦，逐漸成長為多面手。很多記者正是在這樣的栽培磨練中，逐步形成各自風格，成長為名揚天下的記者編輯。

張刃認為，知識分子崇尚個性，講情懷，重志趣，大公報人亦不例外。當中，強烈的愛國情懷，幾乎是大公報人所共有的。胡政之、張季鸞均曾留學日本，是知日派，但更是堅定的抗日派。抗戰期間，他們力主「一不投降，二不受辱」，誓言決不在日軍鐵蹄下辦報一天。為了共赴國難，《大公報》六易其館，顛沛於戰亂之中；縱然面對敵機的狂轟濫炸，仍堅持在防空洞中出版，向國人發出倡導堅持抗戰的最強音。

其次，鮮明的大眾情懷，也是多數大公報人所具備的。張季鸞朋友多、人緣好，也帶動其他記者形成廣泛的朋友圈。他們憑藉這些人脈，體察民情，洞悉時局，寫出不少反映民意、為民請命的優秀作品。

再次，兢兢業業、恪盡職守，也是大公報人的共同特點。張季鸞為人隨和大度，但在新聞稿的遣詞造句上卻尤其「斤斤計較」。胡政之曾說他「在編輯時往往題目一字修改，繞室彷徨到半小時，重要社評無論

他寫的或我寫的，都要反覆檢討，一字不苟。重要新聞如排錯一字，他可以頓足慨嘆，終日不歡」。

這種精神多為後來同仁所取法，在對新聞業務精益求精的追求中，不少《大公報》記者都形成了各自的專長：張季鸞堪稱典範的時政評論、王芸生鞭辟入裏的日本問題研究、徐盈精闢獨到的經濟問題分析、子岡膾炙人口的社會新聞、呂德潤引人入勝的戰地報道、朱啟平作為教材傳世的通訊佳作……這些名家專長的匯集，成就了《大公報》版面輝煌。

周恩來總理在談到《大公報》的歷史貢獻時，特別強調《大公報》為中國的新聞事業「培養了很多傑出人才」，而《大公報》也因此贏得了「新聞界之黃埔軍校」的美譽。

報格高尚　風骨猶存

一九四一年五月，《大公報》獲美國密蘇里大學新聞學院頒發「密蘇里榮譽獎章」。該獎章被公認為新聞行業最具聲望的國際獎項之一，獲此世界性殊榮，中國報紙只此一家，也僅此一次。

密蘇里大學新聞學院在頒獎詞中說：「《大公報》對於國內新聞與國際新聞之報道，始終充實而精粹，其勇敢而鋒利之社評影響於國內輿論者至巨。《大公報》自創辦以來之奮鬥史，已在中國新聞史上放一異彩，迄無可以頡頏者。」

世界上最古老的新聞學院，與最古老國家的新聞機構之結緣，殊非偶然。中國新聞史學會秘書長鄧紹根教授曾就此撰寫學術報告分析稱，《大公報》能夠一紙風行、傳揚國際，成為首家且迄今唯一獲得「密蘇里獎章」的中國媒體，有其三大原因。

首先，堅守愛國陣地，站在時代前沿。鄧紹根認為，《大公報》自一九〇二年六月十七日創刊以來，始終洋溢着愛國熱情，傳播信息，主導輿論，臧否時事。而且為了共赴國難，《大公報》多次搬遷，舟車輾轉，歷盡艱險，實具有「異常之勇氣、機智與魄力」。

其次，專業水準高，影響力大。鄧紹根指出，在當時風雨飄搖的國內外局勢下，《大公報》堅持「文人論政」的傳統，文章報國，身體力行，以天下為己任的襟懷和抱負，關注民族命運和國家興亡，做出了傑出的貢獻。

第三，恪盡言責，堅持抗戰。抗戰爆發後，《大公報》立即義無反顧地成為「百折不撓的主戰派」。在整個抗日戰爭中，《大公報》抗戰到底的態度始終十分堅決，言論中沒有一個字對抗戰的前景發生動搖，也沒有在敵人統治下辦過一天報。鄧紹根認為，一家沒有得到當局任何資助的民辦報紙，能夠堅定地毀報紓難，能夠力扛抗戰到底的輿論大旗不倒，十分難能可貴。

鄧紹根指出，《大公報》獲得「密蘇里榮譽獎章」，即便放在今天，依然有其現實啟示意義。當前紙媒身處蕭瑟寒冬，力求突圍，仍應堅持內容為王，堅守底線，堅持品質，重視社會效益。「中國新聞史上有句名言：人有人格，報有報格，國有國格；三格不存，人將非人，報將非報，國將不國。」鄧紹根認為，報紙應該重視報格，才會受到社會的矚目和尊重，得到讀者的認同和歡迎。這正是百年大公留給當代傳媒業者的啟示及鞭策。

▲大公百年史，抗戰最輝煌。圖為一九三七年一月一日《大公報》上的抗日畫刊。

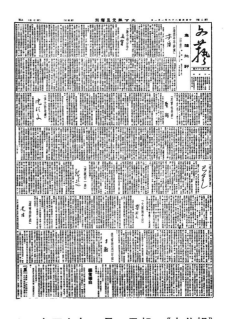

▲一九三七年一月一日起，《大公報》在「文藝」版用三個整版，組織了當時的新老作家對曹禺的《日出》發表評論，最後還請曹禺寫了自我剖釋的文章。發表文章的作者包括茅盾、孟實、葉聖陶、沈從文、巴金、靳以、黎烈文、李廣田等。

▲1945年9月2日，在東京灣「密蘇里號」軍艦上舉行的日本向盟軍投降儀式，《大公報》記者朱啟平在艦上採訪撰寫名篇《落日》。

資料圖片

國際風雲

駐外「軍團」健筆實錄反法西斯戰爭

無懼槍林彈雨 傳遞抗戰精神

▲《大公報》記者朱啟平。

「舊恥已湔雪，中國應新生。」77年前，記錄美艦「密蘇里號」上日本投降儀式的《大公報》記者朱啟平經典名篇《落日》，讓多少中國人熱淚盈眶又百感交集。開創了中國駐外記者先河的《大公報》，抗戰期間締造了一支星光熠熠的「駐外軍團」：太平洋戰場的朱啟平、歐洲戰場的蕭乾、東南亞戰場的黎秀石、緬北戰場的呂德潤……他們赴海外採訪二戰，一路觀察，一路思

▲1945年9月2日，日本代表在「密蘇里號」上簽署投降書。　　　　資料圖片

考，忠實記錄了那個慷慨悲歌的大時代，發回一篇篇深具史料價值的經典報道，構成《大公報》抗戰報國史上最閃亮的篇章。這些報道在中國新聞史上留下的濃墨重彩的一筆，極大地鼓舞了中國人民的鬥志，為中國的抗日戰爭和世界反法西斯戰爭的勝利，做出了獨特的貢獻。

原名朱祥麟的朱啟平祖籍浙江海鹽，1915年出生於上海，此後隨家庭輾轉於浙、滬、蘇三地，直到1933年考入燕京大學醫學系。抗戰爆發後，燕京大學內遷，朱啟平轉到重慶北碚的復旦大學新聞系學習。畢業後，朱啟平先後在重慶《新蜀報》及《國民公報》工作了兩年，隨後進入《大公報》擔任夜班編輯及外勤記者。太平洋戰爭爆發後，《大公報》派朱啟平到美國太平洋艦隊任隨軍記者。

1945年4月，朱啟平輾轉一萬四千英里，從重慶飛到關島，投入到危險而緊張的採訪工作中。僅僅在抵達關島的第一個月內，他就採寫了《萬里浮影——從加爾各答到關島》、《塞班行》、《漫談關島》、《硫磺地獄》等稿件。

採訪中朱啟平有過多次出生入死的經歷。有一次，朱啟平坐吉普車到最前線去採訪。當時戰火瀰漫，敵方炮彈不斷打來，劃破上空，呼嘯着飛過來。朱啟平坐在司機旁座上，剛剛抬身離車，右腳剛落地，左腳還在車上，忽然聽見身後噗哧一聲，聞聲回頭，一塊捲曲的、比手掌稍長、寬度不規則的炮彈片，就插在座位上。朱啟平條件反射地伸手去拾，還十分燙手，想也不想，立刻下車。但在他的報道中，朱啟平絲毫不曾炫耀這些經歷。他唯一所做的，就是恪盡記者的職守，哪怕可能為此危及生命。

《落日》記錄中華民族雪恥時刻

最為人嘖嘖稱道的，必定是他見證了1945年日本在東京灣美艦「密蘇里號」上簽字投降儀式後所寫的《落日》。

當時，艦上共有世界各國200多名記者，只有3位來自中國。朱啟平站在一座在20厘米口徑的機關槍上臨時搭起的木台上，距離簽字桌只有兩三丈遠。而他的同事、另一位《大公報》記者黎秀石，則站在第二層甲板，居高臨下正對着簽字台，正是拍照的絕佳角度。

整個受降儀式歷時18分鐘，結束時正好是9點18分。朱啟平不禁「猛然一震，『九·一八！』」他想起日軍在中國犯下的罪行：1931年9月18日日寇製造瀋陽事件，隨即侵佔東北；1933年又強迫與偽滿通車，從關外開往北平的列車，到站時間也正好是9點18分。「現在14年過去了，

沒有想到日本侵略者竟然又在這個時刻，在東京灣簽字投降了」，他在文章中感慨，「天網恢恢，天理昭彰，其此之謂歟！」

在場各國記者可謂高手雲集，朱啟平的觀察角度卻獨樹一幟，發回的長篇通訊《落日》被公認為脫穎而出的「狀元之作」。後來他與老友陸鏗談及：「在密蘇里號軍艦上，有各國記者參加受降儀式。我想我必須以一個中國人的立場，中國人的感情來寫好這篇報道。」

感人心者，莫先乎情。這篇文章無論從結構、主題還是標題、文字，都堪稱完美，字裏行間流露出濃烈的愛國之情和歷史責任感，打動了千千萬萬的中國人，也因此成為永垂史冊的經典，被許多記述抗日戰爭和「二戰」的書籍所轉載，還被當作新聞通訊的楷模收入大學新聞教材，影響了一代又一代的新聞人。

工作第一　生命第二

抗戰勝利後，朱啟平被派往美國任駐美特派員兼駐聯合國記者，新中國成立後，他曾報名赴朝採訪停戰談判。1978年，朱啟平調到香港《大公報》任編輯部副主任。隔年隨中國代表團訪問西歐四國，憑弔戴高樂墓，撰寫了《偉大的平凡》一文，文筆優美，意義深遠，一時廣為傳誦。1993年，朱啟平在美國家中病逝。

「一筆在手，胸中要有億萬人民，萬不得已時，可以不寫，不能打誑。到戰場採訪，工作第一，生命第二。」朱啟平逝世前說的這番話，既是他事業精神的概括，又彷彿他一生命運的讖語。求真相，說真話，成就了他被稱為「狀元之作」的《落日》等不朽新聞作品，也印證了其作為《大公報》記者的「忘己之為大、無私之謂公」的人格和情懷。

▲《大公報》記者黎秀石拍攝「密蘇里號」戰艦上日本投降簽字儀式。　資料圖片

▲1945年11月2日，《大公報》刊登朱啟平撰寫的《落日》。　資料圖片

《落日》振奮國人心

「全體簽字畢……看表是九點十八分。我猛然一震，『九‧一八』！一九三一年九月十八日日寇製造瀋陽事件，隨即侵佔東北；一九三三年又強迫我們和偽滿通車，從關外開往北平的列車，到站時間也正好是九點十八分。現在十四年過去了。沒有想到日本侵略者竟然又在這個時刻，在東京灣簽字投降了，天網恢恢，天理昭彰，其此之謂歟！」

「我聽見臨近甲板上一個不到二十歲滿臉孩子氣的水手，鄭重其事地對他的同伴說：『今天這一幕，我將來可以講給孫子孫女聽。』」

「這水兵的話是對的，我們將來也要講給子孫聽，代代相傳。可是，我們別忘了百萬將士流血成仁，千萬民眾流血犧牲，勝利雖最後到來，代價卻十分重大。我們的國勢猶弱，問題仍多，需要真正的民主團結，才能保持和發揚這個勝利成果。否則，我們將無面目對子孫後輩講述這一段光榮歷史了。舊恥已湔雪，中國應新生。」

◀黎秀石在「密蘇
里號」抓拍了日本
簽字受降照片

拍攝日本投降見證歷史

「在這激動人心的時候，我突然發現一大片厚雲擋住了強光，光線柔和了許多。我這個角度正適合拍照。」黎秀石趕緊端起相機，「咔嚓！」抓拍了1945年9月2日在「密蘇里號」日本簽字受降的照片，留下珍貴的歷史見證。

出生於1914年1月的黎秀石是廣東南海人，21歲那年考上燕京大學，一年後棄醫學科，轉到新聞學院，與蕭乾成了同學。畢業後，他先在香港加入了美國合眾社做記者，後返回內地進入《大公報》桂林版擔任編輯。1944年8月，廣西淪陷，桂林版停刊。次年1月，在重慶總館的總經理胡政之打電話來指示疏散，問他願不願意到緬甸當戰地記者，他甚至沒來得及跟妻子商量便一口答覆說「我去。」在緬甸的幾個月裏，發回了一百多篇文章，其中很多是在密林或山洞中完成的獨家報道。

1945年9月2日，黎秀石親眼見證了歷史性的一刻：作為同盟國軍隊的一名軍事記者，他受邀登上美軍「密蘇里號」，參加報道由美軍麥克阿瑟上將主持的日本投降簽字儀式。黎秀石覺得，「憤怒的心臟似乎要跳出胸腔，我緊咬牙關控制住自己的激動，用相機記錄下這個瞬間，要讓中國人知道，這些曾經趾高氣揚的人也有今天！」

多年後，黎秀石由衷地說，親眼目睹「密蘇里號」上的那一幕，令他永誌難忘，也應該是他數十年記者生涯中最輝煌的一刻。

緬北「前鋒」生死體驗

「我現在已置入野人山中了。這裏是一片原始森林,只要在公路旁邊多橫跨幾步,便可踏進一個從來沒有人走過的地方,在上面印上普通人的第一個足跡。想到這些,我心中充滿着興奮驕傲。」這是上世紀四十年代《大公報》記者呂德潤從緬北前線發回的第一篇報道。

出生於1918年的呂德潤祖籍河北晉縣,1940年他在重慶讀大學就曾擔任《大公報》學校通訊員,1943年自復旦大學畢業,翌年成為《大公報》駐印度、緬甸特派戰地記者,隨中國駐印度軍在緬北戰場採訪報道。為獲取一線消息,他不滿足於一般的「隨軍」,而是不顧個人安危,經常主動要求坐上最前方的戰車,揮筆勢如破竹,被稱為永遠的「前鋒」。

1944年8月初,中國空軍713、715、719號三個分隊組成一個品字形,執行轟炸孟養(密支那)敵人大倉庫的任務。呂德潤領取了降落傘和盧比錢袋作為緊急備用,便隨轟炸機長陳雲高上了美軍機長霍奇斯正的飛機。「這是駝峰飛行中最值得紀念的一次」,呂德潤把這次生死體驗以《隨B-25轟炸機轟炸記——高聳在世界屋脊上的英雄篇章》發回陪都重慶,刊登在了1944年9月1日的《大公報》上。

呂德潤的眾多經典作品被廣為傳誦。1999年,時任國務院總理朱鎔基見到擔任國務院參事室副主任的呂老,還敬重地對這位老戰地記者說,「你曾經是我的偶像啊。」

◄二戰期間，蕭乾曾任《大公報》駐倫敦特派記者。 資料圖片

最早派往西歐戰場採訪的記者

蕭乾的記者證上標註了一行字：此人如被俘，應按照國際聯盟規定，享受少校級待遇。他是二戰期間中國最早派往西歐採訪的戰地記者，見證了倫敦大轟炸、諾曼第登陸等重要歷史時刻。

1939年，蕭乾赴倫敦任教，1942年又進入英國劍橋大學英國文學系攻讀研究生。兩年後，他在《大公報》總經理胡政之的勸說下，放棄即將到手的劍橋學位，毅然擔任起《大公報》駐英特派員兼戰地隨軍記者，成為當時西歐戰場上唯一的中國記者。

在戰火紛飛的歐洲，蕭乾寫下一批膾炙人口的通訊和特寫。他曾隨英軍幾次橫渡德國潛艇出沒的英吉利海峽，到達美、法兩個佔領區的戰場，也曾隨美軍第七軍挺進萊茵，進入剛剛解放了的柏林。從蘇、美、英三國首腦討論戰後問題的波茨坦會議到紐倫堡審判納粹戰犯，再到聯合國成立大會都有生動的記錄。

在當時新聞界，蕭乾對二戰的採訪報道歷時最長、親歷的重要時刻最多、發回的報道最全面、反思也最為深刻。當年他從燕京大學英文系轉到新聞系時曾如此表白心聲，「如果我什麼也不曾找到，在這個大時代裏，我至少曾充當了一名消息傳遞者。」而從他發回的二戰報道來看，他的確無愧於「一個大時代中消息傳遞者」的使命。

▲1956年，周恩來在北京會見《大公報》社長費彝民（右）及中華總商會會長許庇穀（中）。

周秉德：伯父常投稿　介紹世界新思潮

周恩來與《大公報》淵源深　肝膽相照

　　在少年時代便立下「為中華之崛起而讀書」宏偉志向的周恩來，一生都與《大公報》結下不解之緣。在天津讀書時，他閱讀《大公報》等讀物了解國內外形勢。赴歐留學期間，他為《大公報》供稿多達數十篇，向國內介紹世界上正在萌發與壯大的新思潮。抗戰歲月裏，他多次接見《大公報》記者，肯定《大公報》的傑出貢獻。解放後，他又與《大公報》在思想戰線上繼續並肩而行。近日，周恩來侄女周秉德接受《大公報》記者專訪時表示，總理對《大公報》很有感情。周秉德對《大公報》在當前繼續發揮重要作用感到欣慰，希望大公報人能繼續保持初心，做好報道。

　　1913年，15歲的周恩來跟隨伯父從東北搬到天津，度過了中學時光

周恩來談辦報心得
多刊生動文字 切忌死板老套

周恩來常常告訴新聞工作者，採訪要「溯其根源，求其真相，判其出路」。作為一名老辦報人，他多次強調要想保證新聞的真實性，記者必須深入新聞現場，親臨其境。

周恩來還曾提過，報紙應該從民間汲取營養，多登載些生動的文字，切忌死板、老套。報紙的受眾面是廣大群眾，周恩來多次表示，新聞宣傳要適合讀者的口味，要用他們能夠接受的方式進行宣傳，這樣才有針對性，這樣才有效果。

▶周恩來強調記者採訪必須深入新聞現場，才能保證新聞的真實性。圖為周恩來在看報。

。1902年誕生於天津的《大公報》，秉持公正敢言、不畏強權、愛國為民的精神，為民眾傳播思潮、普及知識，成為一代進步青年的日常讀物，在天津求學的周恩來亦是《大公報》的忠實讀者。

歐洲留學　投稿大公

「伯父從小就很關注國家各方面的情況和世界上的局勢，在天津，他不僅愛讀《大公報》等進步刊物，同時自己也辦報紙，號召青年人關心國家大事。」周秉德講述，1914年初周恩來和校友一起創辦了《敬業》雜誌並擔任主編。此外，周恩來還常常在校刊《校風》上發表對時局

的見解。

　　1919年五四運動爆發後,《大公報》發表《北京學界之大舉動》等文章,積極追蹤報道全國範圍內的學生運動。彼時的天津學生亦群起響應,並成立了學生聯合會,領導學生愛國活動。周恩來從日本學習回到天津後,積極投入到這場具有劃時代意義的愛國運動中,成為天津學生運動的領導人。

　　經過五四運動洗禮的周恩來,在政治上趨於成熟。在1920年11月,22歲的周恩來遠渡歐洲留學,繼續探索救國真理。周秉德回憶,留學期間周恩來向《大公報》投稿達幾十篇,通過對海外各方面的觀察、實踐與思考,給國內介紹世界上正在萌發與壯大的共產主義思潮,以及風起雲湧的工人運動等情況。

無畏無懼　揭露真相

　　1936年,華北局勢日益危急,《大公報》落戶上海望平街,創辦了上海版。年底,震驚中外的西安事變爆發。1937年2月,范長江盡最大努力來到西安,周恩來熱情地接待了這位年僅27歲的《大公報》戰地記者,還介紹他去延安進行採訪。後來,范長江不僅報道了西安事變的真相,而且清楚地傳達了中國共產黨抗日民族統一戰線的政策和主張。

　　「《大公報》是站在公眾立場上的,在社會上代表着進步力量,中立客觀地介紹西安事變。」周恩來的侄女周秉德提到,《大公報》如實反映了西安事變真相,展現了自己的影響力。

　　西安事變和平解決後,動員全國人民抗日救國已成社會共識。《大公報》等報刊陸續發表評論,討論統一救國問題。周恩來致電毛澤東等,提出「為爭取全國統一,我們應參加這些討論。」建議中共中央派人

化名向各報投稿。

抗日戰爭爆發後，許多《大公報》記者衝在一線，冒着生命危險發回一封封珍貴的電稿。1937年10月，周恩來會見了《大公報》派駐山西戰場的記者孟秋江、陸詒，向他們介紹山西的戰局，並囑咐他們到前線後同部隊一起行動，做好戰地報道工作。周恩來還曾三次致信范長江，對戰地記者表示關切，並曾親自聽取戰地記者的匯報，鼓勵他們據實向當局政府反映前線情況，認真總結抗戰的經驗與教訓。

立論中肯　正義之聲

1941年「皖南事變」爆發後，桂林的《大公報》等報刊因拒登國民黨中央社誣陷新四軍的消息，遭到白崇禧下令打壓，周恩來通過八路軍桂林辦事處告知相關媒體人立即離開桂林去香港，與重慶撤去的文化工作者合作，建立對外宣傳據點。《大公報》掌舵人張季鸞亦在1941年1月21日刊登社評，不僅通篇不見「叛軍」、「叛變」等污衊性詞語，並讚賞中共在事變中的大局意識。

1941年5月，日軍在中條山對國軍發動攻勢，國軍望風披靡，喪失兵力五萬多人。蔣介石為了掩飾失敗，造謠誣衊八路軍不配合作戰。周恩來撰寫致《大公報》張季鸞、王芸生的信，並在信中列舉大量事實，揭穿各種謠言。聲明：「我們一向主張團結抗戰，而且永遠實踐團結抗戰。」《大公報》在將此信全文發表後，轟動了重慶。毛澤東看到此信後，致電周恩來，認為「寫得很好」。後由張季鸞抱病執筆，再發社評《讀周恩來先生的信》，坦誠地交換了抗日救國的意見。

周恩來1958年與香港《大公報》社長費彝民交談時，充分肯定了抗戰時期《大公報》的歷史貢獻：愛國、堅持抗日，並且為中國的新聞事

業「培養了很多人才」。周秉德強調，抗戰年代裏，《大公報》能夠不屈服於國民政府的壓力，始終尊重事實，不歪曲，不捏造，採取客觀態度向全國公眾介紹了共產黨領導下的抗日根據地的進步業績。

一百多年來，《大公報》以「堅持宣傳正義聲音」為宗旨，以立論中肯、報道翔實為特色，在國際上建立了良好聲譽。「我小時候就知道《大公報》了，沒想到一晃眼120歲了。大公報人依然保持着初心實屬不易，你們的工作還是非常勤奮的，也很會抓得住國內國際的主要形勢。」周秉德動情地說，《大公報》在社會上依然起着非常重要的作用，希望大公報人能繼續保持初心，客觀、真實做好報道。

▲長征到達陝北後的毛澤東（右一）、朱德（右二）、周恩來（左二）合影。

▲周恩來侄女周秉德表示，周恩來與《大公報》淵源深厚。圖為周秉德（右）與兒子沈清合影。

▲1946年在南京梅園新村中共代表團工作時，《大公報》記者范長江（左二）隨周恩來一起舉行記者招待會。

▲重慶時期，周恩來寫給《大公報》記者范長江的信函手跡。

「伯父與大公人互信互助」

「他對《大公報》是挺有感情的。」根據周秉德的回憶，伯父周恩來及伯母鄧穎超對《大公報》及大公報人非常關心，他們在溝通、協作與互助中建立互信，也建立了深厚的情誼。

新記《大公報》創辦人之一張季鸞病危時，守護在他身邊的朋友就有周恩來。1941年9月6日，時年54歲的張季鸞逝世。周恩來同董必武、鄧穎超電唁張季鸞，稱其為：「文壇巨擘，報界宗師」，並聯名送輓聯：「忠於所事，不屈不撓，三十年筆墨生涯，樹立起報人模範；病已及事，忽輕忽重，四五月杖鞋失次，消磨了國士精神。」

1946年5月，《大公報》記者曾敏之在重慶專訪周恩來，周恩來受訪後為記者提筆贈言：「人是應該有理想的，沒有理想的生活會變成盲目。到人民中去生活，才能取得經驗，學習到本事，這就是生活實踐的意義。」

新中國成立前夕，1949年9月21日，時任《大公報》總編輯王芸生和副總編輯楊剛應周恩來等中央領導人邀約，參加了新政協。10月1日，他們登上天安門城樓，參加開國大典。王芸生在《開國盛典》一文中寫道：「舉目天安門前的人民廣場，人如大海，旗翻紅浪，生平未曾見過的一個大場面就在眼前。我慶幸個人此生不虛，更慶幸中國由此進入了人民民主的時代。」

履行媒體使命　推動蘇港合作

【大公報訊】記者陳旻南京報道：17日，江蘇省委宣傳部召開「全省新聞戰線學習貫徹習近平總書記致《大公報》創刊120周年重要賀信精神座談會」。中共江蘇省委常委、宣傳部長張愛軍表示，6月12日，習近平總書記致信祝賀《大公報》創刊120周年，高度評價了《大公報》的辦報宗旨、優良傳統、歷史貢獻和新時代所發揮的重要作用，並給予了殷切期望。「這既是對《大公報》的肯定和勉勵，也是對江蘇全體新聞戰線的鞭策和激勵。」張愛軍說，全省新聞戰線要面向香港講好江蘇故事，促進蘇港交流合作，推動蘇港融合發展，充分發揮好媒體作用，履行好媒體使命。

現場，大文集團江蘇記者站介紹了記者站秉承大公精神，在服務國家大局、報道江蘇新時代新發展、促進蘇港融合發展方面做出的有益貢獻。作為香港大公文匯傳媒集團常駐江蘇的分支機構，江蘇記者站重啟兩岸民間對話，首闢大陸與台灣視訊交流通道，主動作為，為國家追回國寶級史料，展現媒體社會責任擔當。

聽了江蘇記者站的介紹，張愛軍認為總書記致《大公報》的賀信，充分肯定了《大公報》「立言為公、文章報國」的擔當和情懷，強調要不忘初心，弘揚愛國傳統，銳意創新發展，為愛國愛港媒體增添了信心和力量，也為新聞戰線履行職責使命提供了重要思想指引和行動指南。

江蘇省港澳辦副主任張松平說，在即將迎來香港回歸祖國25周年之際，總書記為《大公報》創刊120周年致賀信，充分肯定《大公報》在新時代旗幟鮮明發出正面聲音，凝聚社會共識，為維護香港社會穩定、增進香港與內地交流、促進人心回歸作出貢獻。這是對《大公報》的高度評價，更深刻揭示了愛國愛港媒體茁壯發展、基業長青的必由之路，指出愛國愛港媒體在「一國兩制」下應有的使命擔當。

《現代快報》記者韓飛周遊說，《大公報》120年來之所以能夠一紙風行，最重要的就是始終傳承愛國基因，堅守愛國陣地，洋溢愛國熱情，弘揚愛國傳統。習近平總書記的賀信不僅是對《大公報》的肯定和鼓勵，更是對每一個媒體人的鼓舞和鞭策。

▲17日，江蘇省委宣傳部召開座談會，學習貫徹習近平總書記致《大公報》創刊120周年賀信精神。

▲一九四八年，《大公報》著名記者張高峰在瀋陽電話採訪。

▲一九八六年，張高峰（左）與徐鑄成在天津。

唯才是舉　堅守報人風骨

大公現象：傳承報國情懷　造就大批人才

　　《大公報》於一九〇二年六月十七日創刊，今年迎來出版一百二十周年。《大公報》著名記者張高峰之子、原工人日報副總編輯張刃接受《大公報》記者採訪時說，《大公報》由一張地方報紙逐漸發展為全國輿論重鎮，以「愛國」為底色，本人民立場，傾報國情懷，記錄跌宕國運，產生深遠的影響。

　　作為中國報業唯一跨世紀的「金字招牌」，《大公報》培養一大批傑出新聞人才，張季鸞、王芸生、范長江、蕭乾、徐盈、子岡、朱啟平、張高峰、呂德潤、徐鑄成等名記者群星閃耀。縱觀近現代報業史，鮮見如此「大公現象」。

▶一九四四年末，張高峰（中）在西昌採訪與彝胞合影。

▲一九四三年初，張高峰被《大公報》派赴中原前線，採訪並發回通訊《豫災實錄》。

　　翻開《中國大百科全書·新聞出版卷》，其中一百〇八個中國新聞界名人的辭條，屬於《大公報》的名人佔了十二個。另一部由中國社科院新聞所編輯出版的《中國新聞年鑑》，為六十位《大公報》記者立傳。中國新聞史上親臨現場採訪巴黎和會的唯一中國記者、紅軍到達陝北後第一個深入邊區採訪的內地記者、「二戰」期間長駐歐洲的唯一中國記者，都來自大公報。

「發路費」「撒手幹」培養新血

　　《大公報》緣何人才輩出？張刃認為，一個重要原因在於「識人」，《大公報》用人不計學歷、不問出身，唯才是舉。許多名記者都不是新聞科班出身，有的甚至沒有大學學歷，都是借助《大公報》這個平台成才的。譬如，范長江、子岡都沒有讀完大學，徐盈、呂德潤、張高峰雖然大學畢業，但分別學的是農業、財會、歷史，朱啟平先是學醫後來

改行，他們都熱愛新聞工作，有追求，肯努力，才成就了自己。

張高峰生前回憶加入《大公報》時的情形說，當時只是一個在校大學生，與《大公報》沒有任何人事關係，完全靠投稿被錄用。而且還未「轉正」時就向報社提出，希望發給他一個只給正式記者的「收報人付費新聞電報憑照」，沒想到報社居然破格同意，這使他越發珍惜，願意努力工作。

《大公報》為記者的成名創造了必要條件，他們也為《大公報》的輝煌作出了貢獻。一九四三年初，二十四歲的張高峰被《大公報》派赴中原前線，採訪並發回通訊《豫災實錄》，揭露河南遭受「水、旱、蝗、湯（恩伯）」四災的悲慘情景；王芸生據此配發社評《看重慶，念中原》，觸怒國民黨當局，處罰《大公報》停刊三日，震動大後方，成為中國新聞史上一段公案。正是這篇著名通訊，讓一九四二年河南大饑荒留下了歷史痕跡，也成為新世紀電影《一九四二》的原始素材。

張刃說，「《大公報》獨特的採編運作方式之一，就是充分尊重和信任記者，包括採訪、寫作任他們『信馬由韁』。」他還介紹了兩個掌故：一是有人曾問王芸生「《大公報》怎樣保證記者採寫出好新聞」，王芸生回答三個字：「發路費。」二是有人問他「《大公報》怎樣培養記者」，王芸生回答還是三個字：「撒手幹！」可謂言簡意賅。此外，《大公報》還有一項獨有制度——除非有重大差錯，對記者的稿件一般不做修改而照登，意在尊重記者的勞動，保護記者的積極性。譬如記者子岡寫稿從來都是龍飛鳳舞，很難辨認，這對編輯的耐心和精心也提出了很高要求。

保持記者本色　願為百姓發聲

張刃自幼生活在津京兩地的《大公報》「圈子」裏，熟稔《大公報

》的許多人和事，並且與《大公報》多位前輩都有着長期的聯繫交往。他說，徐盈、子岡夫婦都是中共地下黨員，但在工作中始終保持記者本色，他們在報道中抨擊國民黨倒行逆施，揭露社會黑暗，在更大程度上是出於當時中國知識分子的家國情懷。即使在晚年，他們在與張高峰的通信中，談得最多的是工作，是真實記錄歷史，是為百姓發聲。

「強烈的愛國情懷，幾乎是大公報人所共有的。」張刃提到，抗日戰爭期間，《大公報》幾度遷移，天津館、上海館、漢口館、香港館、桂林館相繼毀於戰火，但報紙宣揚抗日的聲音從來沒有中斷，直至抗戰勝利。周恩來總理一九五八年談到《大公報》的歷史貢獻時，最先肯定的就是：「它是愛國的」。

部分圖片：受訪者提供

▶張高峰晚年幾乎
每天都在寫作。

張刃研究《大公報》著作簡介

《閒話大公報》
（人民出版社，二〇一六年）

- 通過梳理《大公報》原始資料，作者以知情者的視角，對與《大公報》相關著名人物及著名事件進行獨具特色的解讀。

《大公報人張高峰》（全二冊）
（北岳文藝出版社，二〇一八年）

- 張刃整理的張高峰生前遺稿，穿插其報道、筆記、書信摘錄以及談話，通過張高峰「自述」的方式，記述《大公報》記者生涯所經歷的重要事件和人物。

《北平電話：大公報裏的戰局與時局》
（中國工人出版社，二〇一九年）

- 根據一九四五年十一月至一九四九年一月《大公報》北平辦事處的記者所發新聞稿，記述從日本投降到北平和平解放的社會萬象，辨析《大公報》的歷史地位與辦報特色。

《東北專電：大公報裏的政聲與民生》
（中國工人出版社，二〇二〇年）

- 《北平電話》的姊妹篇，以一九四五至一九四八年《大公報》常駐東北特派員報道為主幹，還原從抗戰勝利後東北接收到遼瀋戰役結束期間的歷史場景。

《黎明之前：大公報裏的世態與時態》
（中國工人出版社，二〇二二年）

- 以《大公報》在解放戰爭期間（除北平、東北之外）的社評、報道、記錄為主要內容，透析一九四五年八月至一九四九年五月中國的歷史時局和社會民生。

大公名篇傳誦至今

在中國新聞史上，《大公報》以獨具特色的「文章報國」辦報實踐而聲名遠播。張刃認為，稱《大公報》為「晚清以降最具影響力」的報紙並不為過。《大公報》內容之豐富，涉及之廣泛，猶如現代中國社會發展的百科全書，其中佳作眾多，名篇報道至今仍光輝閃耀。

張刃提到《大公報》名記者的作品如數家珍，如呂德潤的《隨B-25轟炸機轟炸記》、朱啟平的《落日》、曾敏之的《十年談判老了周恩來》等，都是大公報曾經產生重要社會影響的篇目。

《隨B-25轟炸機轟炸記》記錄了呂德潤一九四四年八月登上中國空軍執行轟炸密支那敵人大倉庫轟炸機上的生死體驗；《落日》是朱啟平在密蘇里艦上記錄的日本投降儀式的歷史性一幕；《十年談判老了周恩來》是曾敏之在國共和談行將破裂、內戰陰霾籠罩中華大地之際對周恩來專訪，讓國統區讀者看到了一個真實的共產黨人形象；《重慶百箋》是彭子岡在重慶採寫的近百篇刻畫社會生活、揭露統治黑暗的通訊報道，後來公認為是可以與范長江《中國的西北角》相媲美的傳世之作。

▲1945年8月28日毛澤東在周恩來陪同下抵渝。

◀《大公報》女記者彭子岡寫下了一篇膾炙人口的通訊《毛澤東先生到重慶》

新聞專電見證報人素養

張刃說，社評、通訊、星期論文之外，新聞專電也是《大公報》的一大特色。所謂專電，是報社派駐各地記者通過無線電報的形式向編輯部發回的當日新聞。新記《大公報》時期，新聞版每天都有來自各地的專電，最短的只有二三十字，最長的不到三百字，報道各地的最新動態和相關消息。

「通過專電刊出的時間，可以想見，記者是隨時隨地在『搶』新聞，不斷地追蹤、補充，不停地向報社發回電報。」張刃表示，上世紀三四十年代，無線電報是最快捷的信息傳播方式，報紙通過記者的新聞專電迅速及時地發布新聞，搶先手，佔獨家，以此贏得讀者。報人對事物的觀察、細節的捕捉、對材料的取捨和新聞背景的運用以及對新聞價值的判斷，以及職業新聞人的素養與功力，都在短小精悍的專電能夠得以體現。

新聞專電強調「即採即發」，有時為了更快捷、搶發新聞，還需要記者自己譯成由阿拉伯數字組成的電碼，直接交電報局拍發。張刃說，他兒時就見到過父親自備的電報電碼本，「想想那時沒有打字機，更沒有電腦，所有稿件都要手寫，還是豎行繁體字，可見當年做記者很不容易。」

▶在《大公報》創刊120周年之際，方漢奇寄語百年大報在新時代再放異彩。

大公報記者孫志攝

方漢奇

* 祖籍廣東普寧，1926年12月出生於北京。
* 現任中國人民大學一級教授、博士生導師，中國新聞史學會名譽會長。
* 專著有《報刊史話》、《中國近代報刊史》、《中國當代新聞事業史》、《中國新聞事業通史》、《新聞史上的奇情壯彩》、《中國新聞事業編年史》、《大公報百年史》等。

新聞史學泰斗方漢奇：大公愛國情懷矢志不渝

不負時代重託 堅持爲民發聲

在《大公報》120載的歷程中，贏得過無數尊重與榮耀。2002年，一篇《再論大公報的歷史地位》的文章發表後迅速引發新聞史學界的熱議。文章說：「在中國的報壇上，《大公報》具有崇高的聲望，在各個歷史時期都產生過重大影響。《大公報》是中國新聞史上唯一一家創刊逾百年的報紙。她是中國新聞界的老壽星。愛護這個品牌，發展這個品牌，是我們共同的願望。」這篇文章的作者是中國新聞史學泰斗、中國人民大學榮譽一級教授方漢奇。在《大公報》創刊120周年之際，96歲高

送贈文集
祝賀《大公報》120周年

　　方漢奇向大公報社贈送親筆簽名的《方漢奇文集》（上、下）。文集收錄有關《大公報》文章三篇：《再論大公報的歷史地位》、《吳廷俊著〈新記大公報史稿〉》、《在大公報創刊110周年紀念座談會上的發言》。

▶中國新聞史學會創會會長方漢奇與現任會長王潤澤親筆簽名祝賀《大公報》。

齡的方漢奇教授在北京接受《大公報》記者的獨家專訪，對《大公報》的歷史地位、傳承發展、未來方向，闡發了最新見解。

　　《大公報》創刊至今的120年，是世界形勢風雲變幻的120年，更是中華民族求存復興的120年。在兩個甲子的發展歷程中，《大公報》經歷了從晚清到中華人民共和國的四個歷史時期。幾度浮沉，數易其主，卻始終站在時代前沿。方漢奇表示，作為現存歷史最悠久的中文報紙，《大公報》的歷史都是「很正面的，正能量的，積極的形象」，愛國情懷矢志不渝，在香港發揮了輿論的中流砥柱作用。他並寄語兩甲子的《大公報》：在新時代，《大公報》首要的是把香港的工作做好，放開手腳，辦好報紙，完成好時代的重託與讀者的期待。

按照方漢奇的觀點，「《大公報》傳播信息，主導輿論，臧否時事，月旦人物，像百科全書一樣地記錄了世紀的風雨，記錄了民族的苦難，也積極維護着國家和民族的利益，呼喚和期待着中華的振興。」

百年大報　三大貢獻

1902年，英斂之在天津創辦《大公報》。談及《大公報》的創辦和發軔，方漢奇評價：「英斂之是那個時代有遠見的，有愛國心態的知識分子，很有貢獻，傳播了新的信息、新的文化、新的思想，辦了這麼一張為公眾為社會，為受眾歡迎的這麼一張報紙。這張報紙非常正派，一直是一張正能量的報紙，所以被接受而且作出她貢獻。」

作為中國新聞界的重鎮，《大公報》歷來享有崇高的聲望。在方漢奇看來，這得益於《大公報》對中國新聞事業的「三大貢獻」：其一，精英知識分子辦報，樹立了高品位的榜樣；其二，她為中國新聞事業培養了大量人才；其三，她為同時代和後代的同業們積累了豐富的辦報經驗。方漢奇曾一言以蔽之，「檢閱大公報的言論主張，有一點可以肯定，即愛國思想始終是貫徹於其中的一條主線。」

儘管這些觀點如今已成公論，但在歷史上，卻出現過一些對《大公報》的非議與誤解。比如，認為《大公報》是「政學系機關報」，指稱《大公報》對國民黨是「小罵大幫忙」，這些言論在歷史上的某些時期曾廣泛流傳、蒙蔽人眼。2002年，《大公報》創刊100周年，方漢奇發表重磅文章，摘掉《大公報》「小罵大幫忙」的帽子，這些論爭才徹底止息，《大公報》獲得了應有的正名。

方漢奇的文章指出，「考慮到國民黨當局對報刊言論的嚴厲限制和迫害，《大公報》為民族和國家的利益，不屈從於權勢，可盡言責，不

單無可厚非，而且難能可貴。」至於所謂的「幫忙」之說，方先生也指出，「尤其不能忘記的是，《大公報》也大大的幫過共產黨的忙。第一個派記者到蘇聯採訪，第一個派記者去邊區。《大公報》對共產黨的報道，始終總尊重事實，不歪曲，不捏造，採取了客觀的態度，改變了公眾心目中被國民黨媒體歪曲了的共產黨形象。」

有學生稱方漢奇就像福爾摩斯判案，方漢奇則說「講幾句公道話是我們新聞史研究者應該做的」。他對《大公報》記者表示，「『小罵大幫忙』徹底被否掉了，因為它不在理。那篇文章發了以後，大概就沒有人再說了。」

方漢奇先生曾滿懷感情地說，「《大公報》是中國新聞史上唯一的一家創刊逾百年的報紙。它同時也是中國新聞界中唯一的含金量最高的世界級品牌。愛護這個品牌，發展這個品牌，使它永葆青春，不斷開拓前進，是我們共同的願望。」

立言為公　揭露真相

「香港回歸祖國25年來，《大公報》一直用自己的報道做着人心回歸的工作。」方漢奇表示，她堂堂正正地代表人民發聲，幫助香港同胞了解祖國內地的發展進程，也幫助內地同胞了解香港的最新動態。

方漢奇強調，香港的撥亂反正，《大公報》有重要貢獻。「因為過去環境並不是很好，香港一些人有逆反心理，還有受殖民地的教育，親英、親美、反共。《大公報》堅持下來了，立言為公，揭露真相，起到主流砥柱的作用。」

「《大公報》現在是人民的喉舌，基本上把這個反動勢力給壓下去了，再起不來了，再鬧騰不起來了。香港徹底地回歸祖國了。這一次撥

亂反正，那段歷史一去不復返了。」

「即便是在最困難的環境下，但是《大公報》還是一直堅持，一直在堅守。」方漢奇說，《大公報》在歷史上站得住，在現實中做出貢獻，還在第一線戰鬥，現在成為中國歷史上唯一的120年的報紙，沒有再早的了。

分析《大公報》辦報環境，方漢奇認為，香港的日子會越來越好，經過疫情以後，經濟再恢復發展起來。香港是座海港，是個門戶，整個珠三角在發展，大灣區現在連成一體了。「過去有很多思想上的障礙，有很多糊塗的思想，現在這些都沒有了，發展還會更快更好。」

乘勢而上　引領輿論

方漢奇先生特別提到，《大公報》有很多歷史傳統，在辦報經驗方面也有着絕對的優勢，在中國新聞史上有很大的影響和貢獻，要繼續發展這些傳統，《大公報》的前景一定會越來越好。「應該在新的時代、新的環境下，再放異彩。放開手腳，更好得去發揮。」

他還說，《大公報》在香港落戶，就要入鄉隨俗，跟讀者的關係更親近一些。要把這部分受眾吸引過來，報道一些他們關注的，他們習慣的。

展望《大公報》在未來的發展和作用，方漢奇認為，在新時代，《大公報》首要的是把香港的工作做好，佔領住香港的輿論陣地，發揮好香港輿論領頭羊的作用，響噹噹地去引導香港的輿論，把反中亂港勢力的影響滌蕩掉，完成好時代的重託與讀者的期待。

▲一直以來，《大公報》與國家和香港同呼吸共命運，體現了媒體的責任與擔當。

以國家爲己任　以天下爲己任

這些年，每逢創刊紀念日和重要歷史節點，大公報記者都會專訪方漢奇先生。請他講《大公報》的故事，特別是講《大公報》的傳統。

文人論政　肝膽相照

《大公報》創刊100周年時，方漢奇曾談到：「文人論政」是《大公報》最主要的言論特色，是中國新聞史上「文人論政」最傑出的典範。

方漢奇認為，「文人論政」自古有之。所謂「文人論政」，就是知識分子以匡扶時世為己任，將「天下興亡，匹夫有責」的憂患意識貫穿到言論當中，力圖以言論來指引國家的走向，這是中國精英階層的優良傳統。不同時期不同階級的文人有不同的政治理想，但他們基本上都有着強烈的參與意識，都希望政治清明，國家富強。

方漢奇特別提到《大公報》的靈魂人物張季鸞，「張季鸞的『報恩思想』曾令人頗有微詞，但他的『報恩』是以『報國恩』為主，屬於傳統美德與振興中華思想形成的合力，貫注於手中的筆。」

2015年，抗戰勝利七十周年，方漢奇先生接受《大公報》專訪時，系統回顧了《大公報》在抗日戰爭時期的功績。他當時再次談到了《大公報》擁有深厚的「文人論政」的傳統。

堅守底線　民族擔當

方漢奇指出，「實際上，《大公報》的『文人論政』是中國新聞事業發展史的一條主線，這是有傳承的。『文人論政』就是以國家為己任、以天下為己任，體現了知識分子對國家和民族的擔當。」

他還強調，《大公報》的傳統提供了很多參考和借鑒，應使其傳承下去，在新時期有所弘揚，讓輿論的作用發揮得更好更到位。媒體在堅守底線的基礎上，還有很大的運作空間，「這就有如何去駕馭，如何去把握，如何去掌控的藝術」。

▶在方漢奇的書櫃上，擺放着他拜訪蕭乾時的合影。

老讀者方先生：看了80餘年《大公報》

　　說方先生是《大公報》的「老讀者」，恐怕不會有人反駁，可能也不曾想過，一個資深讀者竟然看了八十餘年。

　　他告訴《大公報》記者，自己最早看到的是《大公報》香港版。「七七事變後，我從北京逃難到香港。《大公報》1938年香港版就創刊了。所以我最早看到的《大公報》是香港版的。」

　　方漢奇還曾說過，他是抗戰時期《大公報》除漢口版以外的天津、上海、香港、重慶、桂林五個版的讀者，可以大體上算得上是這一時期《大公報》歷史的見證人。

　　很有意思的是，方漢奇在香港待的兩年時間裏，學會了粵語，並認識了在《大公報》編副刊的蕭乾。「他跟我的姑姑是燕京大學的同學，是我姑姑帶着我去看他的。我那個時候小學五年級。」在方漢奇的書櫃上，還擺放着他拜訪蕭乾時的合影。

　　「他後來就到英國去了，整個第二次世界大戰時期，蕭乾就在歐洲，給國內彌補了很多信息上的短板。」方漢奇說。

　　《大公報》的痕跡在方漢奇家俯仰皆是：「與金庸的合影是在杭州，他在那裏辦學」，一份鑲在鏡框中的民國十五年十二月二十七日《大公報》頭版照片，據方漢奇說「這是我生日當天的《大公報》，研究生送的生日禮物。」

　　至今，「老讀者」方先生仍然堅持一個習慣，就是每天閱讀《大公報》。他一生信仰的學術準則是：「有一分史料說一分話」，在方先生精心繪製的新聞史地圖上，就有《大公報》的定位和坐標。

《大公報》上的「津津有味」

馬浩亮

　　從一九二六年至一九三七年，立足天津的新記《大公報》，在吳胡張三駕馬車的率領下，漸成影響遠達全國的報業巨擘。「有容乃大，包羅萬象」的《大公報》，不僅涵蓋政治軍事、經濟商業、藝術科學的重要新聞、評論、知識，即便衣食住行等報道，亦有聲有色，「天津衛，三宗寶，鼓樓炮台鈴鐺閣，永利南開《大公報》，銀魚紫蟹大紅襖。」天津人的日常，離不開《大公報》，也離不開「銀魚紫蟹」等吃食。

　　一九三三年十一月十四日起，《大公報》連續九日，在《本市附刊》頭條連載了一組《天津的小飯館》，堪稱一部簡潔版的天津美味指南，名副其實的「津津有味」。作者的寫作緣由是華界繁榮沒落後，大飯館紛紛遷入租界，有感滄桑巨變，便將目光聚焦到「普遍在中小社會裏的小飯館」。立意非常明確：「倘為擺動闊綽，自當走向大飯館裏──那裏只能給你一種奢侈印象，錢多費了但仍不敢保你吃得飽；若為吃飯而吃飯，則須往一般平凡的飯館走去。」

　　因此，作者精細素描了路邊攤、宵夜、二葷舖、小酒館、清真館、包子舖、素菜館，有知名的老字號，也有攤販叫賣的包子、煎餅、玉米餑餑……這從各篇的小標題就可直觀感受出來：《宵夜飯館各式皆備》《勞動階級席地而食甘之如飴》《餃子大餅別具一格》《羊肉包舖生意獨盛》《冬令既屆涮羊肉大利市》《秫米飯舖點心齊備》等，無不透着濃濃的煙火氣和市井味道。

　　比如「小熱酒舖」，「門外只懸着一個酒壺的模型當做招牌，裏面只有一些簡單的酒菜，如鹹花生、辣白菜等」「負苦的人只有三十個銅

子的大餅，兩個銅元的鹹菜，便已解決了問題」「更經濟些的，拉洋車的，隨便有幾個玉米麵餑餑——只要兩個大銅元一個——也一樣抵得一日之糧。」

「豬羊肉包子舖」，則高檔一些，各餡鍋點，裏面有蝦仁、蟹肉、海參、雞子等，普通餡則只有肉，眾口同養。而「餃子舖」——「餃子俗稱『老虎爪』，餃子舖為供給迅速、伺應敏捷起見，多在午飯前，很早把餃子煎出多許，放在一旁，到『飯口』忙時，只重新放在鍋裏加上香油，便可賣錢。」

至於天津的地方特色小吃——煎餅，文章則寫道：「在法租界勸業場、馬家口、日租界四面鐘、新旅社前，更有一種專門賣『煎餅果子』的，也一直賣到夜深三四點鐘，雖是一種宵夜點心，亦可視做夜飯的」。根據天津地方學者的考證，這是「煎餅果子」一詞，首次出現在報紙這一大眾傳媒上。前些年，圍繞煎餅究竟是「果子」還是「餜子」曾引發了兩派之爭，而《大公報》的寫法，起到了一錘定音的作用。

《天津的小飯館》組稿，還記錄了當時天津飲食的諸多新現象。比如《素菜葷做的有藝術頭腦》，「把素的豆腐麵筋豆皮等，特製成雞魚鴨肉等葷菜模樣，甚具匠心，頗有藝術頭腦。」又如，一些主要為洋行華人僱員或青年學生提供便餐的飯館，為了招徠顧客，爭相利用新式的女招待做噱頭——「因此，『本館新添女子招待』的招牌，便與『本館新添什錦火鍋』的招牌一樣擺列門首。」

不同地方特色的飯館，在天津也有不同的際遇變遷：「山西館在晉系（閻錫山）執政時，很曾興盛一回，這裏的食品，有許多是不與一般飯館相同的，如『刀削』『撥魚』……只是為趨時尚，便很有些山西館數典忘祖的，只管拿他們不能擅長的食品饗客。至於所謂的南式飯館，

則因口味的不同,顧客以江南客籍人維多,誘因價錢昂貴,津人亦唯有中小資產階級偶一嘗試而已。」

由於作者是地道天津人,對於各式美食分布,瞭如指掌,娓娓道來：「南市一帶,在燕樂升平對過,有二葷館久華春、山東館聚合樓和岳陽樓三家,以外盛德里,侯家後,西關外,西南成交,河北大街……各式小飯館,包子舖,餃子舖,賣豆沙各餡包子附帶『嫩肉』的小館,賣五香醬牛肉的飯舖……」儼然如一副民國天津版的「清明上河圖」。對於研究近代天津社會、商業、餐飲業,是不可多得的珍貴資料。

這也是《大公報》「筆錄歷史」的另一種特殊作用。在這張大報的雙甲子歷程中,不僅僅有歷史風雲的宏大敘事,更藏着升斗小民飲食起居的種種細節。

我們還有必要記住這位作者。這組活色生香的報道,署名「墨農」,即當時《大公報》採訪部負責本市新聞的記者林墨農。從文字筆觸來看,這位參透飲食經、大得生活趣味的報人,似乎是個優哉游哉的小市民。其實,他又是一位英勇無畏、頂天立地的好漢。

一九三七年八月,天津淪陷,《大公報》主力人馬播遷上海。《大公報》採訪部主任並兼本埠新聞編輯顧建平,以及兩位老部下林墨農、孔效儒,加上原天津《益世報》記者程寒華,冒着生命危險,克服重重困難,用鐵絲、網布、廢舊膠輥自製了一架謄寫油印機,並天天到一位友人處「借聽」廣播收音機來收集消息,出版了秘密小報《高仲明紀事報》,宣傳抗日。

四人分工新聞、特寫報道、社論、短評、印刷、秘密派報,大受愛國市民歡迎。從創刊首日只印三十份,兩個月後印量就達千份。此事後來引起日寇高度注意,一九三九年九月終被日本憲兵隊搜查破壞。林墨

農等人提前獲知新消息，安全撤離天津到了大後方。堅持每日秘密出版達兩年之久的《高仲明紀事報》從此畫上句號。

◄一九三三年十一月十四日起，《大公報》連續九日，在《本市附刊》頭條連載了一組《天津的小飯館》，堪稱一部簡潔版的天津美味指南，名副其實的「津津有味」。

《大公報》上的海軍一號文件

馬浩亮

　　海軍是守護國家萬里海疆、維護國家統一與安全的重要力量。近些年來，中國海軍發展按下了快進鍵，強軍重器更新換代的速度前所未有。國產航母、萬噸大驅、兩棲攻擊艦、中華神盾、戰略核潛艇、殲15飛鯊艦載機、直20反潛直升機、殲35隱身艦載機、巨浪3潛射洲際導彈、鷹擊21高超音速反艦導彈等等，相繼投入服役或首飛首航，大國海軍成色十足。

　　回顧人民海軍七十三年的發展歷程，與《大公報》這份走過一百二十周年風雲歷程的大報，也有着不解之緣。因為，海軍歷史上的一號文件，就是發表在上海《大公報》上。

　　此時的《大公報》，在歷史關頭選擇了順應大潮。一九四八年底至一九四九年初，遠在《大公報》港館的楊剛、王芸生陸續輾轉抵達北平，將天津版《大公報》改組為《進步日報》。上海解放前夕，周恩來決定，王芸生與楊剛隨第三野戰軍南下。五月二十七日上海解放後，王芸生與楊剛回到《大公報》滬館。王芸生仍擔任總編輯，楊剛任軍代表兼副總編輯。

　　在此之前，當年四月二十三日，解放軍華東軍區海軍在江蘇泰州成立，「三野」前敵委員會委員張愛萍出任司令員兼政委，這一天後來也被確定為人民海軍成立紀念日。初創的人民海軍，百廢待興。除了接受國民黨海軍的部分艦艇等硬件設施之外，更面臨人才奇缺的困局。

　　上海解放的第二天，張愛萍即率海軍司令部、政治部機關進駐上海。為了盡快夯實海軍班底，有序有效吸收、使用國民黨海軍起義投誠人

員，便成為重要考量。上海是一個海軍人才集中的城市。不少國民黨海軍軍官、技術專家，或不願背井離鄉，或對國民黨腐朽統治失望，沒有撤往台灣，而是選擇留在了上海。對於新興的人民海軍來說，這無疑是一筆寶貴的財富。

六月三日，張愛萍主持召開海軍臨時黨委會議，研究通過了相關文件，並決定成立「原國民黨海軍人員登記辦事處」，承辦招募國民黨海軍人員的具體事宜。

鑒於大公報的特殊影響力，這份關係海軍發展前途命運的重要文件，被交給上海《大公報》，於六月十二日全文刊登：

中國人民解放軍華東軍區海軍司令部、政治部通告（人字第一號）

南京上海，次第解放，全國勝利，為期不遠。本部為創建人民海軍，羅致海軍人才，業已成立登記國民黨海軍人員辦事處，不分畛域，廣為容納，俾免流離失所，並使其有貢獻才力於建設人民海軍之機會。凡一切曾在國民黨海軍中工作，而今後決心獻身新民主主義革命事業，志願為人民海軍服務者，均可前往該處報到登記，以備量才錄用。特此通告。

司令員兼政治委員　張愛萍

一九四九年六月十一日

這就是海軍歷史上著名的第一號文件。至今陳列在海軍東海艦隊的軍史館裏，成為重要的革命文物。

六月十三日，《大公報》又刊載了以辦事處處長、副處長名義發布的《登記國民黨海軍人員辦事處通告》，詳細列明辦理登記的時間、地點等具體安排。《通告》強調：「凡曾在國民黨海軍服務，不論脫離遲早，不論官佐士兵或階級高低，不論航海、輪機、製造、槍炮、

通訊、氣象、測量、軍需、醫務，或其他行政人員，均可前來本處登記。」

　　兩份文件經由《大公報》發表後，借助這一權威傳媒平台，讓許多舊海軍人員感受到了解放軍的誠意和肚量，打消了顧慮，在苦悶猶疑中重新看到了從軍報國的出路，紛紛前往登記。上海有一千一百多人前往登記，五百多人被擇優錄用，其中包括九名艦長以及許多專業技術人才。這些人經過培訓教育後，被分派在海軍的艦艇、領導機關、軍事院校、科研機構等不同崗位，成為海軍發展壯大的一支重要力量，作出了不可磨滅的貢獻。

　　而在刊登海軍一號文件的幾天後，一九四九年六月十七日，也就是創刊四十七周年紀念日當天，上海《大公報》發表《新生宣言》，宣告：「檢討過去，開拓未來」，「今後的《大公報》，從經濟觀點來說，是私營企業，而在精神上，是屬於人民的。」

　　《大公報》與中國海軍，從此都邁入了一個新的歷史時代。

▲一九四九年六月十七日，《大公報》創刊四十七周年紀念日，當天版面發表
《新生宣言》。　　　　　　　　　　　　　　　　　　　　　　資料圖片

影視劇裏的《大公報》 見證時代風雲

馬浩亮

《大公報》走過一百二十年的歷程，跨越多個時代的波瀾起伏。正因如此，在眾多電影、電視劇中，每當需要報紙版面或者記者出鏡時，大公報往往成為首選。無論是清末、民國、新中國，無論在北京、上海、香港；無論是戰爭片、諜戰片、傳記片、故事片，《大公報》都扮演着記錄歷史、見證時代風雲的重要角色。

從紅軍長征到全民抗戰，從解放戰爭到開國大典……在一系列歷史關頭，《大公報》都濃墨重彩地作了紀錄與展示。這在很多重大歷史題材的影視劇中，得到很好的呈現。

報道紅軍長征

二〇〇九年獻禮新中國成立六十周年的電視劇《人間正道是滄桑》第二十七集，董繼昌（張志堅飾）看到《大公報》上有關紅軍與湘桂聯軍激戰的消息，對紅軍的困難處境作出了一番分析，認為紅軍前景堪憂。

當時，由於博古、李德等人的錯誤指揮，紅軍處處被動捱打。電視劇借助《大公報》，將這一段背景歷史，自然地融入故事之中。歷史上，自紅軍從江西開始戰略轉移（當時還沒有使用「長征」一詞）後，《大公報》就對紅軍行蹤持續關注。後來更派范長江前往西北採訪，成為公開報道紅軍長征的第一人。

揭露河南旱災

二〇一二年上映的電影《一九四二》，講述了七十年前的河南旱災

。片中，蔣介石（陳道明飾）拿出一份《大公報》，讓行政院秘書長張厲生（張晨光飾）讀報上的一篇文章：「昨天本報登載一篇《豫災實錄》……誰知道那三千萬同胞，大都已深陷在饑饉死亡的地獄。」

蔣介石極為不悅地下令：「這個王芸生，是《大公報》的主編，他蠱惑人心，《大公報》停刊三天。」張厲生小聲報告：「王芸生受到美國國務院戰時情報局的邀請，過兩天就要訪美。」蔣介石則直接打斷他的話說：「美國就不要去了。」

一九四二年，河南旱災引發大饑荒。《大公報》記者張高峰深入災區，採寫了長篇報道《飢餓的河南》。《大公報》總編輯王芸生將稿件改名為《豫災實錄》，於一九四三年二月一日（除夕前三天）刊發。

二月二日，《大公報》又發表了社評《看重慶，念中原》，批評政府疏於賑災、罔顧民生：「河南的災民賣田賣人甚至餓死，還照納國課」，「憶童時讀杜甫所詠嘆的『石壕吏』，輒為之掩卷太息，乃不意竟依稀見之於今日的事實。」文筆犀利沉痛，招致蔣介石不滿，勒令停刊。當時美國記者白修德正是看了《豫災實錄》，才決定去河南採訪。

痛陳《和平無望》

二○二一年在央視一套播出的《大決戰》，是內地首次以電視劇的形式全景展現解放戰爭中的遼瀋、淮海、平津三大戰役，也是獻禮中共建黨百年的力作。

《大決戰》劇中第三十集，在河北西柏坡，毛澤東（唐國強飾）手持大公報，認真誦讀社評《和平無望》：「什麼是真實而持久的和平，一句話，是人民大眾的合理生存。」「真正的歷史創造者，並不是稀世的英雄，而是億萬生民。億萬生民的求生力量，才是人類歷史的真正動

力。」

　　然後，毛澤東對旁邊的周恩來（劉勁飾）說：「這篇文章讚頌人民的力量，這才是歷史發展的大勢。鞭辟入裏，寫得好！」周恩來則回答：「從王芸生這件事看得出來，很多民主人士，通過這場輿論戰，看清了蔣介石的真面目。」

　　緊接着，鏡頭切換到南京，蔣介石（王勁松飾）指着《大公報》，對陳布雷（趙曉明飾）發怒：「王芸生寫的這篇文章你看過沒有？滿紙的胡說八道。」

　　《和平無望》一文是王芸生針對張申府《呼籲和平》一文而做出的反駁。文章深刻剖析了時勢，批評國民黨當局：「違逆了人民大眾的生存軌道，必無治，摧折人民大眾的求生欲望，必亂。」

　　通過一篇《大公報》社評，將當時處於歷史關頭的國共雙方的交鋒焦點，作了十分巧妙而又具有震撼力的對比。這顯示了《大公報》對於歷史進程的重要影響力。電視劇的這種藝術表現手法，源自真實的歷史。換句話說，《大公報》的歷史功績，為影視主創團隊提供了靈感源泉。

促成和平解放

　　在大決戰最後的平津戰役之時，《大公報》更是發揮了不可替代的特殊作用。二〇〇九年慶祝新中國成立六十周年的重點影片《建國大業》中，《大公報》記者傅冬菊（陳好飾）陪同父親傅作義，坐在吉普車上，行駛在北平街頭，隱喻着歷史車輪的滾滾向前。

　　在電視劇《大決戰》中，傅冬菊（安冬飾）佔據了多集篇幅。她奔走於兩大陣營中間，傳遞信息，溝通聯絡，最終促成身為國民黨華北「

「剿總」總司令的傅作義，作出了歷史性抉擇，舉起義旗，北平和平解放，千年古都免遭兵燹。

一九四九年之後，天津、北京、上海、重慶等地的《大公報》相繼改組。而香港《大公報》則始終薪火相傳，延續百年老報的光榮傳統。進入改革開放新時期，《大公報》不斷及時傳遞內地建設發展變化，成為港人了解內地資訊的重要窗口。

報道鄧公登黃山

二〇一四年，為紀念鄧小平誕辰一百一十周年，央視播出電視劇《歷史轉折中的鄧小平》。第三十八集，鄧小平（馬少驊飾）在安徽登完黃山，剛剛到上海，國務院副總理谷牧就趕到上海匯報工作。鄧小平稱讚他們消息靈通。此時，秘書王瑞林報告他：「首長，您就別保守秘密了，香港的《大公報》，已經刊登了您登黃山的消息了。」

一九七九年七月，七十五歲高齡的鄧小平步行登黃山。十三日下午，偶遇香港一個劇組，正在黃山取景拍攝電影《白髮魔女傳》。如此巧遇，令劇組一班人十分激動，便邀請鄧小平與兩位主演員鮑起靜、方平合影。鄧小平欣然答應，手扶登山杖，面帶微笑，與兩位古裝扮相的演員，留下了一張珍貴合影。

這一新消息隨着《大公報》的報道，傳遍海內外。而鄧小平「黃山談話」中的許多內容，比如「九億人口的收入平均發展是不可能的，總是有的地區先富起來，一個地方總是有一部分先富裕起來」，「要解放思想，開動機器，廣開門路，增加收入」……有力地推動了改革開放，至今仍有重要的指導意義。

「六一七」：普通一日刻錄三世紀榮辱

馬浩亮

　　六月十七日，原是一個普普通通的日子。但自晚清迄今的一百多年歷史上，這卻成為一個記載了諸多屈辱而又見證無數榮光的特殊日子，貫穿了中國從積貧積弱到富強復興，跨越三個世紀的偉大歷程。

　　一九〇二年六月十七日，《大公報》在天津創刊，從此揭開了一段報界傳奇的序幕。創始人英斂之在發刊詞中寫道：「本報斷不敢存自是之心剛愎自用，亦不敢取流俗之悅顛倒是非，總期有益於國是民依，有裨於人心學術⋯⋯以光我報章，以開我民智，以化我陋俗，而入文明。」

　　當時的中國，正承受列強蹂躪，幾乎慘遭豆剖瓜分、亡國滅種之厄運。一八九五年，逞甲午海戰餘威，日本強行割佔台灣島，在戰爭中「立功」的樺山資紀被任命為首任台灣總督。也正是在這一年的六月十七日，樺山在台北正式成立「台灣總督府」，舉行所謂「始政典禮」，開始對台灣長達半個世紀的殖民統治。

　　東倭胃口未足，西寇黑手又來。一九〇〇年六月十七日，八國聯軍攻陷大沽炮台，京津門戶洞開，最終首都淪陷，帝后西逃。繼《馬關條約》之後，《辛丑條約》又簽訂，喪權辱國，民不聊生。

　　可以說，《大公報》的創始先賢，從一開始，就深懷對國家落後、民眾愚昧的切膚之痛，憂心如焚，立志文章報國。此後，到吳胡張三駕馬車開啟「新記」時代，無論歷史風雲如何變幻，《大公報》始終秉承愛國丹心，站在國家利益與民族大義的立場，與侵華敵寇進行艱苦卓絕的不懈抗爭，對腐敗苛政作毫不留情的鞭笞撻伐，不遺餘力地普及科學、倡導文明、啟蒙大眾，因而贏得讀者的普遍信賴與歡迎，「擔得起中

國最好的報紙之聲譽」（胡適語）。

至一九四九年六月十七日，《大公報》上海版發表《新生宣言》，歡呼「解放戰爭基本上業已完成勝利，全中國業已基本上獲得解放，帝國主義的勢力就將退出中國」，正式轉變立場，宣告《大公報》今後「確定是屬於廣大人民的了」。

新中國成立後，奉行獨立自主的國策，擺脫了百年來仰大國鼻息的境地。「六一七」這一日子，也一次次被賦予了新的璀璨亮色。一九六七年六月十七日，西北羅布泊大漠深處，第一顆氫彈的耀眼光芒、驚天巨響、升騰煙幕，轟動世界。中國擁有了應對核訛詐、核威脅的更強底氣，夯實了國家戰略安全的基石。次日，《大公報》在頭版整版報道了這一名副其實的「爆炸新聞」。

二〇二一年六月十七日，神舟十二號載人飛船成功飛天，開啟了中國載人航天工程空間站階段的首次載人飛行任務，航天員聶海勝、劉伯明、湯洪波順利進駐天和核心艙，標誌着中國人首次進入自己的空間站。為期三個月的在軌駐留，也刷新了中國人時間最長的太空飛行紀錄。

時隔一年，《大公報》迎來雙甲子華誕。而報慶之日，亦再度成為舉國同慶之時——八萬餘噸的福建號航空母艦，昂首下水。這不僅是中國第一艘國產電磁彈射航母，也是中國乃至亞洲、東半球有史以來建造的最大噸位作戰軍艦。

巨鯨蹈海，氣貫長虹。回望一九〇〇年的「六一七」，十艘外國軍艦耀武揚威炮轟大沽炮台，北洋海軍購自德國的最大噸位巡航艦「海容」號被擄劫。兩相對比，天翻地覆之慨慷、人間正道之滄桑，盡在其中。

從氫彈光耀大漠，到「神十二」遨遊太空，再到福建艦乘風破浪，

上可九天攬月，下可五洋捉鱉，遠可震懾宵小……一個個「六一七」，如同一串記載大國崛起的特殊密碼，同時也借由《大公報》獨一無二的一百二十年的版面，得以真實筆錄。甲午屈辱、庚子國殤，一去不復返。百餘年崢嶸歲月，三世紀風雨征程，正在接續波瀾壯闊的新篇章。

一九○二年六月十七日的《大公報》發刊詞中，英斂之在結尾一句動情地寫下《大公報》對國家未來的期許：「但冀風移俗易，國富民強，物無災苦，人有樂康，則於同人之志償焉，鄙人之心慰已。」

環望今日之中國，巋然屹立於世界民族之林，是足以慰英公之心，足以償大公諸前輩之志。

▲▼中國經濟和軍工科技發展神速，自主研發的航母保護萬里海疆。甲午屈辱、庚子國殤，一去不復返。

《大公報》報史研究的現狀與啟示

萬京華　劉雅婷

　　《大公報》於1902年6月17日創刊,是目前中國歷史上存在時間最長的一份報紙。在《大公報》創刊120周年之際,中共中央總書記、國家主席、中央軍委主席習近平發來賀信,對《大公報》工作給予肯定並提出殷切期望。指出:「一個多世紀以來,《大公報》秉承『忘己之為大,無私之謂公』的辦報宗旨,立言為公,文章報國,為新中國建設、改革開放和現代化建設,為香港回歸祖國、保持繁榮穩定發揮了積極作用。進入新時代,《大公報》旗幟鮮明發出正面聲音、凝聚社會共識,為維護香港社會穩定、增進香港與內地交流、促進人心回歸作出了貢獻。」本文簡要回顧《大公報》120年來的發展歷史及貢獻,對歷年來《大公報》報史研究的特點進行梳理和分析,以期為當前的新聞史研究特別是媒體專題史研究的開展提供借鑒和參考。

一、《大公報》的歷史發展和貢獻

　　《大公報》創刊於1902年6月17日,歷經風雨,輾轉遷移,從一家主要影響京津地區的報紙逐漸成長為舉國公認的行業標杆。120年來,《大公報》一直秉持「忘己之為大,無私之謂公」的創業初心,從清末立憲、辛亥革命的「敢言」幹將,到北洋當政、抗日戰爭、解放戰爭的「文人論政」,一直到今年新中國成立73周年,這張報紙的命運一直與國家命運深深地交織在一起。

　　創刊之初,英斂之主理報館事務,以「開風氣、牖民智,挹彼歐西學術,啟我同胞聰明」為宗旨,宣傳變法維新,反對封建專制和外強侵

略，屢屢以灼灼言論作猛烈戰鬥。

「新記」時期，《大公報》提出社訓「不黨、不賣、不私、不盲」四不主義，一大批報人努力踐行着「鐵肩擔道義，健筆為家國」的精神。最著名的便是張季鸞和范長江，前者針砭時弊，撰寫了大量緊隨時政熱點、文筆犀利的言論文章，「影響於國內輿論者至巨」；後者足跡遍布中國西北，用旁徵博引、筆觸生動的連載通訊記錄了當時國家西部的民生疾苦，客觀真實地向大眾傳遞出紅軍長征的情形。

抗戰期間，《大公報》堅持「一不投降，二不受辱」的立場，力主抗戰，誓不為日本統治，不斷輾轉遷館，在惡劣的戰爭條件下仍然堅持出版。《大公報》記者們不怕犧牲，奔赴前線，盡自己所能向民眾傳遞戰爭消息。解放戰爭期間《大公報》堅持反內戰、求和平，為了國內和平做了大量努力。

新中國成立之後，香港《大公報》一直致力於積極引導香港人民團結一心、愛國愛港。香港回歸前，《大公報》積極發揮輿論導向作用，第一時間報道與香港回歸有關的情況，耐心向香港人民解釋，率先發布中英聯合聲明。

如今，新中國已經進入了新時代，《大公報》早已成為香港回歸祖國、保持繁榮穩定的重要力量，扛起了凝聚社會共識、促進人心回歸的大旗。《大公報》在止暴制亂、香港國安法落地生根、完善選舉制度、抗擊新冠疫情等等重大事件中，推出一系列具有重要影響力的報道和評論，為香港實現由亂到治的根本性轉折發揮了不可替代的作用。

二、《大公報》報史研究現狀

關於《大公報》報史的研究是中國新聞史學界研究的一個熱點。特

別是改革開放以來，有關《大公報》的研究逐漸增多，從20世紀90年代中期開始相關論文數量出現井噴式增長，新世紀以來長期保持每年兩三百篇的規模。論文的研究方向也已逐漸從新聞領域擴展到了其他學科。

關於《大公報》報史的研究大致可以分為三類：一是研究《大公報》發展歷程，包括通史類研究和斷代史的研究；二是針對《大公報》本身的研究，包括其言論、報道、副刊等方面，主要研究其立場、辦報特色等問題；三是關於大公報人的研究，這類研究主要涉及報人的辦報思想和對《大公報》的貢獻等。

（一）《大公報》發展史研究

一是《大公報》通史研究。在關於《大公報》發展歷程的研究中，通史類研究比較少，但卻具有里程碑式的作用。最具代表性的是2004年出版的由中國人民大學方漢奇牽頭編著的《〈大公報〉百年史》。這部著作是香港大公報社委託中國人民大學組成編寫班子，納入學校2002年度科研計劃，用不到一年的時間突擊完成的。該書主要根據《大公報》歷史的重大節點，將其百年發展歷程分成11個階段，分析了不同時期《大公報》所處時代的政治、經濟等社會背景，詳細陳述報紙創立和發展過程；分析了《大公報》報館的經營業務與報紙特色，涉及報紙的廣告發行、人才聘用、新聞報道、報紙版面和副刊等，對《大公報》百年的發展歷程做了詳細梳理，還分別闡述了三代《大公報》經營者的背景和貢獻；注重報紙的言論立場，分析了不同時期《大公報》的言論特點，以及影響報紙言論的不同因素。該書引用了大量報紙內容和其他相關史料，從報紙自身內容出發得出觀點，相互印證、清晰明確。

二是《大公報》各個時期的研究。學界針對某一個時期的《大公報》研究較多。《大公報》的發展歷程大致分為英斂之時期、王郅隆時期

、「新記」時期、新中國成立後改組和香港《大公報》幾個階段。在所有的時間段中，學者關注更多的是「新記」《大公報》時期，即1926年至1949年，這是《大公報》歷史上最輝煌的時期之一。學者們還將《大公報》的「新記」時期進一步細分為北洋軍閥時期、蔣介石政府時期、全面抗戰時期、解放戰爭時期、新中國成立以後改組之前的時期。針對不同的時段有不同的研究重點，但關於《大公報》言論立場的研究是最多的。

目前學界也已經累積了關於《大公報》的相當數量的「斷代」研究，如吳廷俊的《新記〈大公報〉史稿》、王芝琛的《百年滄桑：王芸生與大公報》和《1949年以前的大公報》、俞凡的《新記〈大公報〉再研究》等。

（二）《大公報》專題史研究

學界關於《大公報》的專題研究也佔相當大的比例，內容涉及《大公報》辦報方針、經營策略、副刊專刊、特色欄目、新聞報道、舉辦的活動等。

一是新聞報道和社論研究。學界關於《大公報》新聞報道的研究最為豐富，主要針對《大公報》關於某一專門領域的報道進行分析，如公共衛生、西北報道、宮廷新聞、奧運會體育新聞、災難報道等。這些研究大多將報紙上的報道收集起來，根據這些資料研究其報道特色和基本傾向態度。有的研究者還應用報道框架、形象分析等傳播學理論和內容分析的研究方法研究《大公報》的新聞報道。還有一些與其他報紙的對比研究，比如《媒體、邊疆與國家——〈大公報〉與〈人民日報〉邊疆新聞報道研究（1946–1949）》等。

《大公報》的社論一直是相關研究的熱點，有不少專門研究其社論

的文章，尤其是對抗日戰爭、解放戰爭中《大公報》的言論研究較多，主要是從《大公報》社論看報社和報人的政治立場，研究其在不同時代條件下對政治的態度。

研究者也比較關注《大公報》的辦報方針，從「四不」到「二不」，分析促成變化的各種因素，研究變化背後是否有辦報理念的轉變。

二是副刊、專刊研究。這方面的研究主要分析《大公報》副刊的經營特色和對社會產生的影響。《從三十年代〈大公報〉「文藝」副刊看京派文學》《沈從文與〈大公報〉文藝副刊》等文章，探究了當時《大公報》文藝副刊的獨特風格和對當時文藝界產生的深遠影響。專刊與副刊的研究方向類似，但是相關研究較少。

三是報紙經營研究。這方面的論文相較其他幾方面來說較少些，主要是針對經營方式、辦報方針、廣告發行的研究。其中有關《大公報》廣告的研究相對多些，主要是將《大公報》刊登的廣告收集起來，進行梳理分析，研究其廣告業務的特點以及廣告與時代變化的關係等，如《大公報（1902-1916）與中國廣告近代化》《〈大公報〉徵婚廣告與近代社會變遷》等。

四是社會影響研究。一部分是《大公報》的輿論對社會的影響，也就是其報道和社論與政治、外交、教育、體育事業的關係、對社會文化習俗的影響。另一部分是《大公報》舉辦的一些活動，如「文藝獎金」、抗戰期間的募捐活動、《大公報》女記者群體與女學活動等。

（三）大公報人研究

學界關於大公報人的研究比較集中，研究對象最集中的是張季鸞，包括他的新聞活動、辦報思想、政治立場、與蔣介石的關係和一些逸聞。學界關於英斂之的研究也不少，主要研究其辦報思想和他與晚清時期

國內女權女學運動的關係。相比之下，關於胡政之、吳鼎昌二人的研究較少，內容主要集中在經營策略和新聞思想。另外，關於范長江等《大公報》名記者的研究也比較多。

三、《大公報》報史研究的啟示

在中國新聞史上出現的眾多媒體中，《大公報》是報史研究成果相對較多的一家。《大公報》報史研究的啟示主要有以下幾個方面：

（一）有效借助學界力量開展報史研究

有效借助學界研究力量是《大公報》報史研究的一個特色。新聞史研究是比較專業的領域，媒體人寫史往往有些不易突破的局限性，與學界合作則可以彌補學術方面的不足，增強客觀性，同時還可擴大報史在學界的影響。《〈大公報〉百年史》的成功運作和出版便是一個很好的例證。

（二）重視史料論證和研究

史學研究要求史料的多方面、完整性，資料越多面，完整度越高，越是一手的資料，得出的結論就越接近史實。在新聞史研究中，不僅要用足現存的檔案史料，還應廣泛徵集、調研，想方設法找到更多第一手資料，在多重資料印證之下展開研究。如青年學者俞凡在研究中不僅參考了大陸可以獲得的《大公報》報紙、檔案、口述歷史等資料，還查閱到台灣「國史館」保存的當時大公報社與蔣政府的來往函件，在這些資料的輔助之下，考證了一些存在爭議問題，使得其研究具有多方史料相互印證的說服力。

（三）充分利用名人效應和名家資源

從《大公報》自身關於報史的相關宣傳來看，突出呈現了報社歷史

上湧現的一批名報人、名記者，以及名人與《大公報》交往的情形。《大公報》報史上知名報人眾多，且在新聞史上頗具影響。這些人物和他們的故事，對於讀者來說非常有吸引力，使得《大公報》報史的影響更加深入人心。

（四）探析對社會的多方影響

《大公報》是一份存在了一百多年的大報，對中國社會發展產生了多方面不可忽視的影響，也日益引起人們關注。2016年中央電視台播出的六集紀錄片《一份報紙的抗戰》，反映了以大公報人為代表的新聞界和文化界在國家民族危亡之際的特殊貢獻與擔當，受到社會各方面廣泛好評。這部電視系列紀錄片對於傳播《大公報》的歷史形象發揮了較好作用。由此可見，對媒體歷史的解讀與研究應更多結合時代背景，並着眼於對當時社會產生的影響，這樣才能為受眾展現更為完整立體的媒體形象，以及在歷史傳承中不斷形成的新聞品格和新聞力量。

（作者萬京華是新華社研究院新聞史研究室主任，高級編輯；劉雅婷是中國人事報刊社助理編輯）

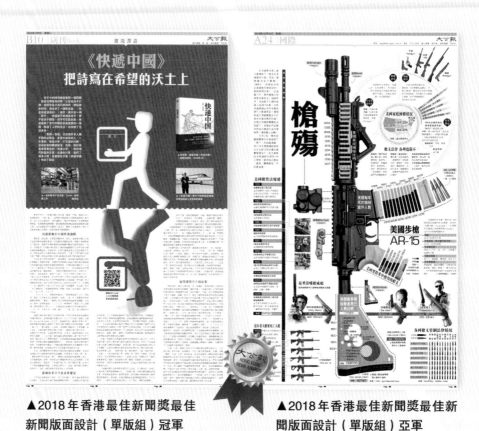

▲2018 年香港最佳新聞獎最佳
新聞版面設計（單版組）冠軍

▲2018 年香港最佳新聞獎最佳新
聞版面設計（單版組）亞軍

◀ 2018 年香
港最佳新聞獎
最佳新聞版面
設計（系列組）
亞軍

▶ 2018 年香港最佳新聞獎最佳新聞版面設計（系列組）季軍

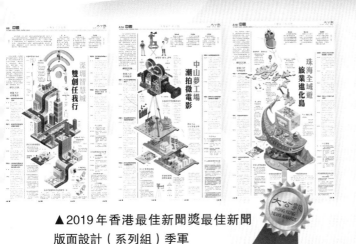

▲2019 年香港最佳新聞獎最佳新聞版面設計（系列組）季軍

▲ 2020 年香港最佳新聞獎最佳新聞版面設計(單版組)亞軍

◀2019 年香港最佳新聞獎最佳新聞版面設計（系列組）優異

書名：《立言爲公 文章報國》
　　　——《大公報》創刊120周年紀念集

總 編 輯：李大宏

副總編輯：于世俊　潘江鯤

責任編輯：焦惠標

美術設計：劉國光　神志英

出　　版：大公報出版有限公司

　　　　　香港仔田灣海旁道七號興偉中心29樓

電　　話：2873　8288

發　　行：聯合新零售（香港）有限公司

　　　　　香港新界荃灣德士古道220-248號荃灣工業中心16樓

電　　話：2150　2100

印　　刷：高科技印刷集團有限公司

　　　　　香港葵涌和宜合道109號長榮工業大廈6樓

版　　次：2023年1月初版

國際書號：ISBN 978-962-582-089-7

定　　價：港幣120元